アカデミック・スキルズ

学生による学生のための
ダメレポート脱出法

慶應義塾大学教養研究センター　監修
慶應義塾大学日吉キャンパス学習相談員　著

慶應義塾大学出版会

刊行にあたって

　晴れて大学生となったみなさん。いろいろなことをこれから思う存分楽しむぞと、わくわくしていることでしょう。新しい友人、サークル活動、ボランティア、バイトにスポーツ……夢はどんどんふくらみますね。この本は、楽しく大学生活を送るためにまっ先に手に取る本です。

　これは、大学を楽しもうと思っている人のために、現役大学生と大学院生たちが工夫をこらして書き上げた本です。本当に大学生活を満喫しようと思ったら、勉強を避けて通ることはできません。とは言え、大学4年間は机に向かってばかりで過ごすわけにもいかない時期です。なぜなら、この時期はみなさんが一生をどう過すかじっくり考え決断するために、いろいろなことにチャレンジしなければならない時だからです。マルチタスクでいろんなことをこなしていかなければ、あっと言う間に過ぎてしまいます。授業の勉強も、ほかのことと折合いをつけながら取り組んでいかなければなりません。この本はそのやり方をアドバイスしています。そして、勉強を他のいろいろなことと結びつけて、みなさんの一生を豊かにするために役立つものにしていこうと提案しています。

　でもみなさん、大学の勉強を楽しむにはコツが必要です。この本には、その方法がつまっています。著者の現役大学生、大学院生たちが、みなさんと同じように大学での勉強の仕方で戸惑い悩み、先生から教わったり、先輩からアドバイスを受けたり、友だちとともに試行錯誤を繰り返したりしながら、身につけ編み出した方法を惜しむことなく伝授してくれます。世にレポート本はたくさんありますが、それとは一味も二味も違った学生ならではの知恵が満載されています。

　どうぞみなさん、この本を読み、楽しんで勉強をするすべを身につけ、大学生活を意義あるものとし、そうして実り多い人生の基礎を作ってください。

この本の著者たちについて

　慶應義塾大学の日吉キャンパスは、多くの学部の1、2年生が集う場所です。このキャンパスにある教養研究センターでは、学問の方法・論文の書き方を教える「アカデミック・スキルズ」という授業を開講していますが、この授業の修了生の有志が修得したスキルをもとに、図書館内で学習相談員として後輩たちにアドバイスする活動をしています。活動を通じて、学生の勉強に関するつまずきの石についての知見と、それに対する有効な対処のし方が学習相談員たちの間に蓄積されてきています。それらをまとめあげたのがこの本です。

　この本は、複数の学習相談員が書き上げた原稿をもとにして作り上げられました。編集作業は主に、著者の一人である間篠剛留君が担当しました。ただし、内容についての一切の責任は、監修者である教養研究センターが負っています。

2014年9月10日

教養研究センター所長　　不破　有理
　　　　　　同副所長　　大出　　敦
　　　　　　　　　　　　篠原　俊吾
　　　　　　　　　　　　種村　和史

はじめに

　本書は、学習相談を担当する学生が書いた、大学での学び方についての本です。大学の先生が書いた本ではありませんので、学生ならではの視点が多く取り入れられています。特に、以下のような人たちにおすすめです。

・レポートに取り組んでみたものの、うまく進まない。
・アルバイトやサークル等で忙しく、レポートに充分な時間を取れない。
・期末試験勉強とレポート作成のバランスがうまくとれない。
・高校の頃は勉強が苦手ではなかったのに、大学に入ってからうまくいかなくなった。
・基本的に欲張りである。

　「学生ならではの視点」というと、効率の良い単位の取り方や、バレない（と思っているのは本人たちだけの）コピペレポートの作り方、楽勝科目の見分け方、などを思い浮かべるかもしれません。しかし、本書の狙いは少し違います。ひとまずは、無難にレポートを提出するということを狙うけれども、それが達成できれば次回のレポート作成時にはさらに質の高いレポートを書くことができる。こうしたことを狙っています。
　本書のもととなったのは、慶應義塾大学日吉図書館で2008年から行われている、学生による学習相談の取り組みです。この取り組みは、同大学教養研究センターが開設する科目「アカデミック・スキルズ」を修了した学生の有志が「ピア・メンター」と呼ばれる学習相談員として図書館の窓口につき、学習に関する学生からの相談に対応する、という活動です。レポートの書き方についての相談を中心に、これまでに1,000件以上の相談を受けてきました。
　活動を通してわかったのは、それぞれの抱えた悩みやつまずきのポイントは、実はその人特有のものではなくて、多くの人に共通したものだ

ということでした。また、そうした悩みはレポートの書き方本を読むだけではなかなか解決できない、ということも実感できました。学生のぶつかりがちな悩みに対して、学生目線でアドバイスする。こうした視点の本は今までなかったのではないかと思います。

　大学生には時間があると言われますが、実際にはそんなに暇でもありません。日々の学業だけでなく、サークルやアルバイト、資格試験の勉強、インターンシップなどなど、やりたいこと、やらなければいけないこと、やった方がいいことはたくさんあります。そんな学生にとって、全ての科目・全てのレポートに十分な時間と労力を割くことは、現実的には難しいことが多いでしょう。実際、必修科目や語学の試験準備に追われてレポートにはほとんど時間が取れない、という相談もありました。「ここまでできれば理想的なんだけれど、そうは言っても時間が……」となるわけです。
　１本のレポートにたっぷりと時間をかけた場合、他の科目の課題や試験勉強がいい加減になってしまうこともあり得ます。サークル活動やアルバイトとの並行も難しくなります。従来のレポートの書き方の本は、この点についての目配りが少なかったように思います。
　大学は学問の場であるというのはもっともです。しかし、そうは言っても、大学生として打ち込むサークル活動やアルバイトにも、やはり大事な意味があるはずです。学生は欲張りであっていいはずです。サークル活動も社会経験もあきらめずに、学業でも一定の成果を残す。これは実現可能です。本書には従来のレポート本には書かれていないような工夫も盛り込まれています。私たちはこれを正攻法の工夫だと思っています。

　大学に入ったばかりの学生にとって、多くの科目で課されるレポート課題は大きな壁として立ちはだかります。レポートを書くためには、講義を丁寧に聞き取るだけでなく、自分で問題を設定し、自分なりの問題解決に取り組んでいかなければなりません。これは大変な作業です。し

かし、それこそ大学での学びでしょうし、そこで身につけた力こそ、社会に出たときに求められるものでしょう。

　第1部では、基本的なレポートの書き方を説明しています。悩みごとに内容を分けていますので、どこから読んでも構いません。ここから、レポートの基本を学び取っていってください。
　第2部では、基本的なレポートの書き方を踏まえて、もう少し実践的な点について説明を行っています。失敗例を示しながら説明していますので、自分の書いたレポートやノート、自分の立てたスケジュールと比べて検討してみてください。きっと役に立つはずです。

Contents

刊行にあたって………………………………………………………… 3
はじめに……………………………………………………………… 5

第 1 部　基礎編 ………………………………………………… 11

第 1 章　レポートってそもそも何？　何をすればいいの？…… 13
 （1）レポートの大原則 ……………………………………………… 13
 （2）レポートの型 …………………………………………………… 19
 （3）レポートは読者とのコミュニケーション手段 ……………… 21

第 2 章　提出まで時間がない！　最低限やるべきことは？…… 24
 （1）脱・ダメレポートのための最低ライン ……………………… 24
 （2）課題の条件を満たす …………………………………………… 32
 （3）課題別の対処法 ………………………………………………… 33
 （4）効率よく時間を使うために …………………………………… 38

第 3 章　参考文献って何？　どう使うの？　どう書くの？…… 45
 （1）参考文献は何のためのもの？ ………………………………… 45
 （2）参考文献一覧の書き方 ………………………………………… 48
 （3）参考文献のその他の使い方 …………………………………… 50

第 4 章　他人の考え（引用）だらけ！　どうしたらいい？…… 52
 （1）なぜ引用だらけになってしまうのか ………………………… 52
 （2）問いを立てるために …………………………………………… 54

第 5 章　「自由に論ぜよ」って言われても、
　　　　　一体どうすればいいの？……………………… 57
　（1）テーマを設定するには ……………………………… 57
　（2）テーマを設定する時の注意点 ……………………… 59
　（3）テーマ設定の例 ……………………………………… 63

第 6 章　資料がうまく見つからない！
　　　　　これって探し方が悪いの？………………………… 72
　（1）資料を探すためのキーワードがわからない？ …… 72
　（2）テーマや資料を限定しすぎ？ ……………………… 77
　（3）どうしても見つからない …………………………… 80
　（4）その他の検索テクニック …………………………… 81

第 2 部　発展編 ……………………………………………… 83

第 1 章　ノートの取り方・活用の仕方 …………………… 85
　（1）「脱・板書丸写し」の心構え ………………………… 85
　（2）ノートテイキングのコツ …………………………… 87
　（3）ノートの例 …………………………………………… 93
　（4）ノートをフル活用しよう──問いとの連関── ………103

第 2 章　スケジューリングの方法 …………………………106
　（1）スケジューリングの失敗例 …………………………106
　（2）レポートに取り組むためのスケジュール管理 ……114
　（3）スケジュール例 ………………………………………115
　（4）レポートの手順のポイント …………………………119
　（5）レポートを効率よく進めるコツ ……………………124

目次　9

第 3 章　ダメレポートを改稿する …………………………… 131
　（1）事例 1 ……………………………………………………… 131
　（2）事例 2 ……………………………………………………… 139

第 4 章　書評レポートの書き方 ……………………………… 149
　（1）書評レポートってどんなもの？ ………………………… 149
　（2）書評レポートの構成 ……………………………………… 150
　（3）書評レポートの失敗例 …………………………………… 152
　（4）書評レポートの取り組み方 ……………………………… 154

第 5 章　プレゼンテーションへの応用 ……………………… 158
　（1）プレゼンの心構え ………………………………………… 158
　（2）プレゼン準備の手順 ……………………………………… 160
　（3）スライドの悪い例、改善例 ……………………………… 169
　（4）プレゼンならではのポイント …………………………… 173
　（5）こんなプレゼンはダメ！ ………………………………… 175

　おわりに………………………………………………………… 178

第1部

基礎編

大学に入学してしばらく経ち、新生活にも慣れてきたかなと思う頃、多くの人は初めてのレポート課題に遭遇します。最近ではかつてよりもレポートの書き方を教える科目が増えていると言われます。しかし、それでも戸惑う人は多いでしょう。「レポートって一体何なのか、結局わからない！」、「他人の意見の羅列になってしまう……」、「提出直前なのに全然手がついてない！」、などなど、いろいろな悩みが出てくるはずです。

　第1部では、レポートの基礎・基本を学びます。ある程度の順序を考えながらも、各章はレポートに関する悩みごとにまとめました。実際につまずいてしまっている人は、今自分が何に困っているかを考え、その章を読んでみてください。切羽詰まっている人は、まず2章を読んでおくとよいでしょう。時間が限られた中で、最低限何に取り組めばよいのかを書いておきました。

　差し迫った課題のない人は、最初から順に読んでみてください。実際の悩みに沿ったアドバイスから、レポートへの取り組み方が自然とわかってくるはずです。最初から完璧なレポートが書ける人はいません。少しずつステップアップしていければ大丈夫です。

1 レポートってそもそも何？何をすればいいの？

(1) レポートの大原則

「参考文献を使ってレポートを書きなさい」と言われたら、どんな文章を書きますか。参考文献が何のことかわからないし、そもそもレポートがわからない。そんなときにありがちなのは、次のような失敗です。

・本や雑誌記事の内容を切り貼りして、とにかく字数を埋める。
・勉強したことを一から全部書く。
・斬新なアイディアを無理に出そうとする。
・道徳的に立派なことを書こうとする（例：環境問題について国民一丸となって対処すべきだ）。
・何かの決意表明をしようとする（例：これからもっと勉強しようと痛感した）。

勉強したことを切り貼りして字数を埋めるだけでは、レポートとしては不十分です。また、「独創的なアイディアや、何か道徳的に立派なことを書かなければならない」というのもレポートに対する間違ったイメージです。レポートは何らかの決意表明をするものでもありません。

では、レポートの文章とはどういったものでしょうか。それは、一つの問いを立て、その問いに対する答えを客観的・論理的な議論によって示した文章です。このことがレポートの大前提となります。

ポイント

・レポートとは、客観的・論理的な文章である
・レポートの基本は、
　　　問い ＋ 答え ＋ 答えを導く議論（理由＋客観的根拠）

第 1 部　基礎編

もちろん、この説明だけではピンと来ないでしょう。簡単な例を出して、確かめながら考えていきましょう。実際のレポートは2,000字以上のものがほとんどですが、ここではそれをぐっと短くして、400字程度にしてみます。レポートの課題は「教育課程編成の基準である学習指導要領について、自由に論ぜよ」であったとしましょう。さて、次の文章はレポート的な文章といえるでしょうか。

＜例１＞　単なる授業のまとめや情報の羅列だけではダメ

> 　戦後日本の教育について説明する。第二次世界大戦中の日本では、教育内容や方法が画一的なものだった。これに対して、戦争が終わって1947年に文部省から出された「学習指導要領（試案）」はあくまで教師のための「手引き」であった。つまり、子どもが置かれている生活の実情に即して教師が創意工夫できるようになったのである。1951年の試案ではその傾向が一層強化された。しかし、そうした中で学力低下に対する不安の意見が増えていった。1958年に出された学習指導要領では「原理、原則あるいは基本的なものをしっかり身につけていく」ことが大事だとされ、教育課程はもう一度中央集権的なものになった。さらに、1968年の学習指導要領では、教育内容の現代化が目指された。すると教育内容が高度になったことで「落ちこぼれ」と呼ばれる子どもが増え、1977年の学習指導要領では「ゆとり教育」が目指され、人間性が重視されるようになった。しかし、このゆとり教育にもたくさんの批判がよせられた。そして、ゆとり教育の見直しが検討された。教育についての考え方はこのように変化してきた。

　さて、いかがでしょうか。しっかり書けている、と思ったかもしれません。しかし、これは授業やその他の資料の単なるまとめであって、情報の羅列でしかありません。一番の問題は、**「この文章で何を問題にするのか」という「問い」**がないことです。問いがはっきりしていなければ、答えも、それを導く議論もはっきりとはしません。この文章をレポートの一部分にすることはできるかもしれませんが、この文章の調子で全体

が書かれてしまうと、それはレポートとして不十分です。
　では、次の文章はどうでしょうか。

＜例２＞　自分の個人的な主張や感想を語るだけではダメ

> 　学校教育において教え込みは悪なのだろうか。私はそうは考えない。「教え込みは悪だ」と言う人の多くは、自由な思考が優先されるべきだと主張する。確かに自由な思考は大事なものだろう。しかし、彼らはなんとなくのイメージから自分勝手に「生きる力」とか「ゆとり」とかを叫んでいるだけなのだ。しっかりと物事を考えるためには、知識が必要である。実際、私も自由に物事を考えられるようになったと思えるのは、しっかりと勉強をしてからである。それ以前は何も考えられなかった。だから、教え込みは悪ではないし、教育現場から追放すべきものではない。実際、ゆとり教育を行って学校現場はどうなったか。いじめや非行は増加し、教育現場は困難な状況に置かれている。子どもたちの学力はひどく低下してしまった。やはりきちんとした基礎基本を小学校の頃から教えなければならない。それが社会のためにもよいことだし、その子自身の幸せのためにもよいことだろう。

　問いと答えは最初の２文で示されています。答えを導くための理由も、その後に書かれています。しかし、その理由を支える客観的な根拠がここにはありません。いじめや非行は増加し学力は低下した、というのは本当でしょうか。**どんな根拠があってそう主張するのでしょうか。**誰かが言っていたのを耳にしたのかもしれませんが、それでは「なんとなくのイメージ」から物事を語っているだけです。
　レポートは読む人を説得するためのものです。「自分の出した答えは正しいんだ！」ということをアピールするためには、理由と根拠を示す必要があります。ただ感情的に心に訴えかけても、「私は別にそうは思わないけど……」と言われたら説得できません。では、どうすればよいのでしょうか。そこで必要なのが、**自分の考えを客観的な根拠に基づいて論理的に示すこと**です。「客観的に見て●●だから、こう考えられるん

だ！」と言えればいいわけです。

　では、客観的な根拠を示すためにはどうしたらよいでしょうか。そのためには講義内容を整理したり、書籍や雑誌論文を読んだり、何らかの調査を行ったりといったことが必要になってきます。自分の個人的な体験を出したり「誰かがどこかでそんなことを言っていた気がする」と言ったりするだけでは、根拠として不十分なのです。「この人がこの本でこう言っている」、「こうした事件があった」、「こんな調査結果が出ている」など、**レポートには明確な根拠が必要です**。読者がいることを考えて、冷静に議論を行うことが、レポートでは求められているわけです。

ポイント

・レポートには読者がいる
　⇒読者にわかってもらえるような客観的根拠が必要

　多くの人は忘れがちなのですが、レポートには読者がいます（たいていは担当の先生ですが、ゼミの同輩も読者になります）。そして読者がいるということは、その人にメッセージを伝えるということです。つまり、レポートとは、言ってみれば**コミュニケーションの手段**なのです。

　コミュニケーションと言うと、慣れ親しんだ人とのコミュニケーションを考えるかもしれません。しかし、大学や社会で必要になってくるのは、**親しくない人とのコミュニケーション**です。初対面の人や自分を全く知らない人に対して、誤解なくメッセージを伝えるためにはどうしたらよいか、考えなければいけないわけです。それを突き詰めると、「わかってくれるだろう」という甘えをなくして、できるだけ丁寧に、できるだけ客観的・論理的に書くのが大事だ、ということになります。

　では、次の例を見てみましょう。

＜例3＞　客観的根拠を大事にして文章を書く

　講義で説明されていたように、教育課程についての考え方は、教科の内容をしっかりと教えようとする系統主義と、子どもの生活経験を重視する経験主義との間を揺れ動いてきた。授業で扱った学習指導要領の変遷はこのことを示している。では、現代の学習指導要領はそのどちらに基づいたものなのだろうか。 ｝ 問い

　2000年代になって「ゆとり教育」の是非をめぐる教育論争が激しくなり、2008年には学習指導要領が改訂された。学力低下が問題になったことを受けての学習指導要領改訂だったので、系統主義へ傾いたと言えるかもしれない。実際、小学校学習指導要領には「基礎的・基本的な知識及び技能を確実に習得させ」とある[1]。しかし、それはあくまで「創意工夫を生かした特色ある教育活動を展開する中で」行われるものだとも書かれているし、「個性を生かす教育の充実に努めなければならない」とも書かれている[2]。この点だけを見れば経験主義とも言える。系統主義か経験主義かと言われても、判断するのは難しい。 ｝ 答えを導く議論

　以上のように、最新の学習指導要領は系統主義の特徴も経験主義の特徴も持っている。「系統主義か経験主義か」という考え方を抜け出て、より建設的に学校教育を考えようとしていると言える。 ｝ 答え

---

[1] 文部科学省『小学校学習指導要領』、東京書籍、2008年、13頁。
[2] 同上。

｝ 脚注で根拠を示す

第1部　基礎編

どうでしょうか。ぐんとレポートらしくなったのではないでしょうか。この例では「**問い**」と「**答え**」、そして「**答えを導く議論**」がはっきりと書かれています。実際のレポート課題ではこれよりも長いものが求められますし、このレポートには不十分なところも残っています（例えば、「講義で説明されていたように」の部分はもう一度別の資料で調べ直すのがよいでしょう）。しかし、こうした書き方がレポートの基礎になります。特に2番目の段落、理由を示した部分が重要です。ここでは、「最新の学習指導要領は系統主義の特徴も経験主義の特徴も持っている」という答えを出すための理由が述べられているのですが、その根拠として学習指導要領の実際の表現が取り上げられています。**出所がはっきりとわかる客観的根拠**を示すことによって、説得力を強めているわけです。

　文章中の小さなカッコは脚注番号といって、ページや章などの最後に補足説明があることを表しています。ここでは文章の下、線で区切られた後に各番号の説明があります。「実際に学習指導要領にこう書かれているんだ」ということを示しているわけです。このように注をつけておくと、「本当にそう書かれているのか？」と読者が疑問に思ったときに、読者自身が確かめることができます。**他の人が確かめられるようなフェアな議論を行う**というのも、レポートの大事なポイントです。

　さらに気をつけてほしいのは、客観的根拠と自分の考えとを明確に区別している点です。(1)・(2)の注の付いた箇所を見てください。ここでは「小学校学習指導要領には～とある」、「～とも書かれている」というように、断定的に書かれています。「本の中にそう書かれている」ということは事実なので、断定的に書くことができるわけです。その他、歴史的な事実や実験で出た結果、調査結果なども断定的に書くことができます。それに対して、2・3段落目には、「～とも言える」、「～と考えられる」といった表現もあります。推測や自分の判断が入っている書き方ですね。自分で考えた部分は、このようにして客観的事実から区別することが大事です。自分の意見を示すためにはこの他に、「～だろう」、「～と予想される」、「～と思われる」などのような書き方があります。

　さて、もう一度、レポートの基礎を確認しましょう。レポートとは、

「問い＋答え＋答えを導く議論（理由＋客観的根拠）」から成り立っています。そのレポートで問題にするのは何なのか。その答えは何か。なぜそう言えるのか。理由を導く客観的根拠はどこにあるのか。これらを満たすものが、大学で取り組むレポートです。なんとなくの印象で書くのではなく、一つひとつ確かめながら、確実なことを積み重ねて、相手を納得させるように書いてください。

> **ポイント**
> ・レポートは、「問い」を立て、問いに対する「答え」を導くもの
> ・答えを導くためには、出所のわかる客観的根拠が必要
> ・客観的根拠と自分の考えとをはっきりと区別することが大事
>   　客観的根拠：「〜である」、「〜は〜と言っている」など、
>   　　　　　　　断定的な書き方に
>   　自分の考え：「〜と考えられる」、「〜と言える」など、
>   　　　　　　　判断を示す書き方に

（2）レポートの型

　では、レポートの基本的な要素がわかったとして、それをどのように並べていけばよいのでしょうか。最も基本的なレポートの型は、「序論」・「本論」・「結論」です。先ほどの**「問い＋答え＋答えを導く議論（理由＋客観的根拠）」**をこのフォーマットに当てはめることで、レポートの形式を満たすことができます。大まかに言えば、次のような形になります。

　　序論＝問い（＋レポート全体の見通し）
　　本論＝答えを導く議論（理由＋客観的根拠）
　　結論＝答え（＋レポート全体のまとめ）

　どのような「問い」に答えるのか、なぜその「問い」を扱うのか、その「問い」に対してどのような「答え」を述べるのか、どのような議論

によって答えへと至るのか、という**見通し**を立てるのが**「序論」**です。読者がスムーズにレポートを読めるようにするわけです。

　先ほどの＜例3＞では、「講義で説明されていたように」という言葉から始まって講義を振り返り、自分の「問い」につなげています。問いが大事だと言われても、いきなり問いだけを書くのは親切ではないですよね。書いている本人にとっては大事な「問い」でも、他の人にはそうではないかもしれません。ここでは、**なぜその問いを扱うのか示す**ことで、読者が読みやすいように工夫しているわけです。講義内容や新聞記事や書籍に書かれていた一般的な話題から入り、自分で設定した問いにつなげていくと、スムーズな流れができます。

　次に**「本論」**では、「序論」の見通しに従って、「答えを導く議論」を実際に書いていきます。ここで必要なのは、**読者が迷子にならないように「答え」へと案内する**ことです。ですので、できるだけ客観的に、論理的に話を進めていくことが求められています。先ほど説明したような、**「理由と客観的根拠」**を、わかりやすい順番で並べてください。

　最後の**「結論」**では、この**レポート全体をまとめ、レポートの中で出した答えをはっきりと示します**。どのような「問い」を設定し、どのような議論を行い、どのような「答え」が出せたのかを書くわけです。場合によっては、ここで今回は扱えなかった点を取り上げ、今後の課題として示しておくのもよいでしょう。また、今回自分が出した答えをもとに、実際的な応用を考えて示すこともあります。ただし、「いろいろとわかって勉強になった」、「〜の歴史に感心した」などの**感想は書かない**ようにしてください。先生へのアピールになるどころか、逆効果です。レポートはあくまで客観的な文章ですので、感想が入るとそれだけで質が下がってしまいます。「がんばったので単位をください」というお願いも、逆効果にしかなりません。

　こうした流れがレポートの基本的な型です。レポートの基本的な要素である**「問い＋答え＋答えを導く議論（理由＋客観的根拠）」**をわかりやすく提示できるように、「序論・本論・結論」を組み上げてください。

ポイント

レポートの基本的な型
・序論：レポート全体の見通しを立て、「問い」をはっきり示す
・本論：見通しにしたがって「理由と客観的根拠」を示して、
　　　　読者を答えへと案内する
・結論：「答え」をはっきりと示して全体をまとめる
　　　　＊感想は書かない

（3）レポートは読者とのコミュニケーション手段

　先に書いたように、レポートとはコミュニケーションの手段です。レポートを書くとき、**それを読む人がいる**ということを考えることはとても重要です。

　では、読者を意識することで、レポートの取り組み方はどう変わるのでしょうか。何かプラスになることはあるのでしょうか。まず、**誤字・脱字や形式上のミスを減らせる**ということがあります。レポートを書き上げた後、ようやく終わったと思ってそのまま提出する人がいますが、読む人のことを考えるとこうはならないはずです。誤字・脱字などのミスがないよう、一通りチェックすることが大切です。中高生のとき、誤字・脱字の多い先生を信頼できましたか？　読む人のことを考えれば、自然とミスチェックにかける労力が生まれるはずで、それができない人は、なかなか信頼されません。人からの信頼を得るためにも、読者のことを考え、ミスチェックを行うことは重要です。

　さらに、読者を説得するように書くことで、**自分の考えをより注意深く、はっきりとしたものにする**ことができます。レポートを書くときには、気心の知れた仲間や家族との間で「これくらいはわかってくれるだろう」と思って話すのとは全く異なった形でのコミュニケーションの方法が必要となります。いつもなんとなくでしか考えていなかった物事をはっきり考える必要が出てきます。また、**違う立場のことを考えられるようになる**というのも大きなポイントです。レポートでは、他者の質問

第1部　基礎編

や反論に対応できるような準備が不可欠です。そのためにはあらかじめ他者の反応を予想しておく必要があります。こうした準備を繰り返しているうちに、自分の立場とは異なる立場について考えられるようになるわけです。

さて、このように書くと、他者に向けて書くことは大変なものだと考え、ためらう人も出てくるかもしれません。しかし、大変なものであるからこそ、得るものも大きいわけです。読者を意識してレポートを書くことによる効果は、最終的には**自分の世界が広がる**というところにつながっていきます。全く面識のない他者に向けたメッセージを発することができるようになるわけですから。このようにして身につけた力は、様々な場面で大いに役に立つでしょう。

ポイント
読者を想定して書くことで、 ・誤字・脱字などのミスが減る ・自分の考えがより明確になる ・コミュニケーションの世界が広がる

コラム：「問い」が指定されている場合

　ここまで読んで、「なぜ問いを立てなければならないのか」と、疑問に思った人もいるかもしれません。大学で課される全てのレポート課題が、常に問いを立てることを求めているわけではないからです。レポート課題の中で、問いがすでに立てられている場合もあります。例えば、次のような課題がそうです。

　　「現代日本の教育改革の特徴を、現代米国の教育改革と対比させながら、論じなさい。」
　　「俵屋宗達の『風神雷神図屏風』と尾形光琳の『風神雷神図屏風』の画風はどのように違うか、また、そうした画風の違いが生じた背景にはどのような考え方の違いがあると考えられるか、論じなさい。」

　こうした場合、無理やり別の問いを立てる必要はありません。先ほど述べた要素の内、「問い」についてはすでに決まっているものと考えてください。すでにある問いに対して、答えとその答えを導く議論を提示すればよいのです。問いを決める必要がない分、課題に取り組む労力は少なくなります。「問い＋答え＋答えを導く議論」という形式のレポートに慣れるための、入門的な課題だと考えてもよいでしょう。ただし、問いが設定されている分、客観的な根拠に基づいて自分の答えを論証できているかどうかがはっきり表れますので、油断は禁物です。

　また、単純に「●●の経緯について調べ、報告せよ」といった形のレポート課題もあるかと思います。こうした場合には「●●は××が原因となって発生した。発生の原因と●●の展開、そしてその影響について述べる」といった形で進めればよいでしょう。原因、展開、影響を各節に割り振れば効率よく書くことができます。

第1部　基礎編

2 | 提出まで時間がない！最低限やるべきことは？

　学習相談をしていると、提出直前の切羽詰まった相談者もよく見かけます。「いろんなことで忙しくて、提出3日前なのに全然進んでないんです。どうすればいいですか？」「課題図書を読むのに時間がとられちゃって、まるでまとまってないんです」、などといった相談です。

　本章ではそんな相談に対して、調子のいい先輩のように「とりあえず出しとけばいいんじゃない？」といったアドバイスですませるつもりもありません。だからといって、「そうならないように注意しましょう」とだけ返すつもりもありません。「やっつけ」のレポートでは次のレポート課題が出たときにまた同じような状況になりますし、完璧な準備を強調し過ぎてもハードルが高すぎて手が出しにくくなります。

　ここで伝えたいことは、レポート課題において最低限やるべきことと、その最低ラインを満たすための効率的な方法です。単なる「やっつけ」のいい加減なレポート作成法でもなければ、完璧な事前準備による完璧なレポート作成法でもありません。そうではなくて、①**残された時間を効率よく使い、レポートの形式を整えて合格を目指す**とともに、②**次の別のレポート課題でより良いものを作るための土台とする**ような、そんなレポート作成法を、ここでは紹介します。

（1）脱・ダメレポートのための最低ライン
コピペでなく正しい引用を

　まずはレポートを作成する上での最低ラインを確認しましょう。何よりも気をつけるべきは、「コピペレポート」にしないことです。レポート課題に対して、Wikipediaから写す、誰かのブログから写す、書籍・雑誌記事から写す、レポートの交換サイトから写す、などのコピー＆ペースト、すなわち「コピペ」ですませようと安易に思ったりするかも知れません。しかし、「コピペ」は絶対に避けなければなりません。

24

近年、「コピペレポート」は社会的にも大きな問題となっており、対策も進んでいます。コピペかどうかを（たとえ語尾や語句をいじっていたとしても！）チェックできるソフトが開発されているくらいです。他人の文章をあたかも自分が考えたことであるかのように書くことを「剽窃（ひょうせつ）」というのですが、もし剽窃行為と認定されれば、当該科目が不合格となるだけでなく、その学期に履修している全ての科目が不合格になるなど、重い処分が下されることもあります。オリジナルの文章の一部を変更すれば剽窃ではなくなるのかというとそうではありません。他人の考えたことをあたかも自分が考えたかのように書いているわけですから、一部の語句や語順を変更しただけの場合でも、それは剽窃です。

　では、コピペレポートにならないように、つまり**剽窃にならないようにするためにはどうすればよいのでしょうか**。ポイントは、**出典を示すこと**です。出典というのは、その情報の出所です。自分が引用した文章の出典を示せば、それは剽窃ではありません。「この部分は私の考えではありません。しかし、そこから学んで、こんなことを考えました」と、正々堂々と言えばいいのです。難しく考える必要はありません。まずは客観的根拠を示すために参考文献を使い、出典を示せば OK です。

　出典の示し方にはいくつか方法があるのですが、ここでは脚注方式を紹介します。Microsoft Word 2013 の場合、脚注を挿入したい箇所にカーソルを合わせ、上のタブの「参考資料」の「脚注の挿入」をクリックすると、カーソルの位置に番号が表示され、それと同じ番号がページの一番下に表示されます。

　2008 年、学習指導要領が改訂された。学力低下が問題になったことを受けての学習指導要領改訂だったので、系統主義へ傾いたと言えるかもしれない。実際、小学校学習指導要領には「基礎的・基本的な知識及び技能を確実に習得させ」とある[1]。

1

ここでページの下部に表示されたものを「脚注」といいます。「文中の注番号1の説明がここに書かれていますよ」というサインです。出典情報をここに書けば、「コピペ」でない、正しい引用ができます。ここでは、次のように書いておきましょう。

> 　2008年、学習指導要領が改訂された。学力低下が問題になったことを受けての学習指導要領改訂だったので、系統主義へ傾いたと言えるかもしれない。実際、小学校学習指導要領には「基礎的・基本的な知識及び技能を確実に習得させ」とある[1]。
>
> ―――――――――
> [1] 文部科学省『小学校学習指導要領』、東京書籍、2008年、13頁。

　また、注のほかに、レポートの最後に「参考文献一覧」をつけるとより整ったレポートとなります。出典や参考文献一覧の細かなルールについては、3章で確認してください。

ポイント

・コピペレポートにしないため、他の文献からの情報をレポートに書き入れるときには、出典を書く

信頼できる情報を使うこと

　ただし、出典さえ示せば何を使ってもよいのかというと、そうではありません。剽窃を避けることができたとしても、引用元の情報の質が悪ければ、それは良いレポートとはいえません。例えば、Wikipediaから引用するのはやめなさいと多くの人が言います。これは、Wikipediaの記事は誰でも編集可能なものであり、誰が書いたかわからないものだからです。「父親の同僚の娘さんの同級生が言っていたらしいんだけど……」という話は信用できますか？　誰が話していたのかわからない話には信憑性がありません。また、「誰かが言っていたらしい」という態度

は、明確に物事を論じようとする態度とはかけ離れたもので、レポートにはふさわしくありません。そのためWikipediaはレポートで使ってはいけないと言われるのです。

ただし、Wikipediaは物事を調べるきっかけとしては有用なものです。Wikipediaに引用されている書籍や論文をたどって、実際に読んだ上でその書籍や論文を参考文献として使うことには何の問題もありません。自分で確かめた信頼できる情報を使うことが、レポートでは重要です。

> **コラム：その他の補足情報**

注は出典情報を示すためだけものではありません。「本文中に書いてしまうと文章の流れが悪くなるけれど、このことは説明しておきたい」とか「本文で説明するまでもないけれど、誤解されたら嫌だから念のために書いておきたい」といったことがある場合には、補足情報を注で説明することができます。

<例>

> 近年の大学には、学生をサポートするための様々な制度が設けられている。例えば、クラス担任制度、オフィスアワー制度[1]、ティーチング・アシスタント制度などが挙げられる。
> ───────────
> [1] オフィスアワーとは、教員が学生の訪問を受けるために研究室などあらかじめ指定した場所に必ず待機しておく時間帯のことである。場所や時間帯は、多くの場合シラバスで確認することができる。

提出前に確認すること

レポートは書いて終わりというものではありません。必ず読む相手がいます。読む相手に悪い印象を与えるようなものだと、せっかく真剣に考えたものも適切に理解してもらえません。最低限、提出前には次のポ

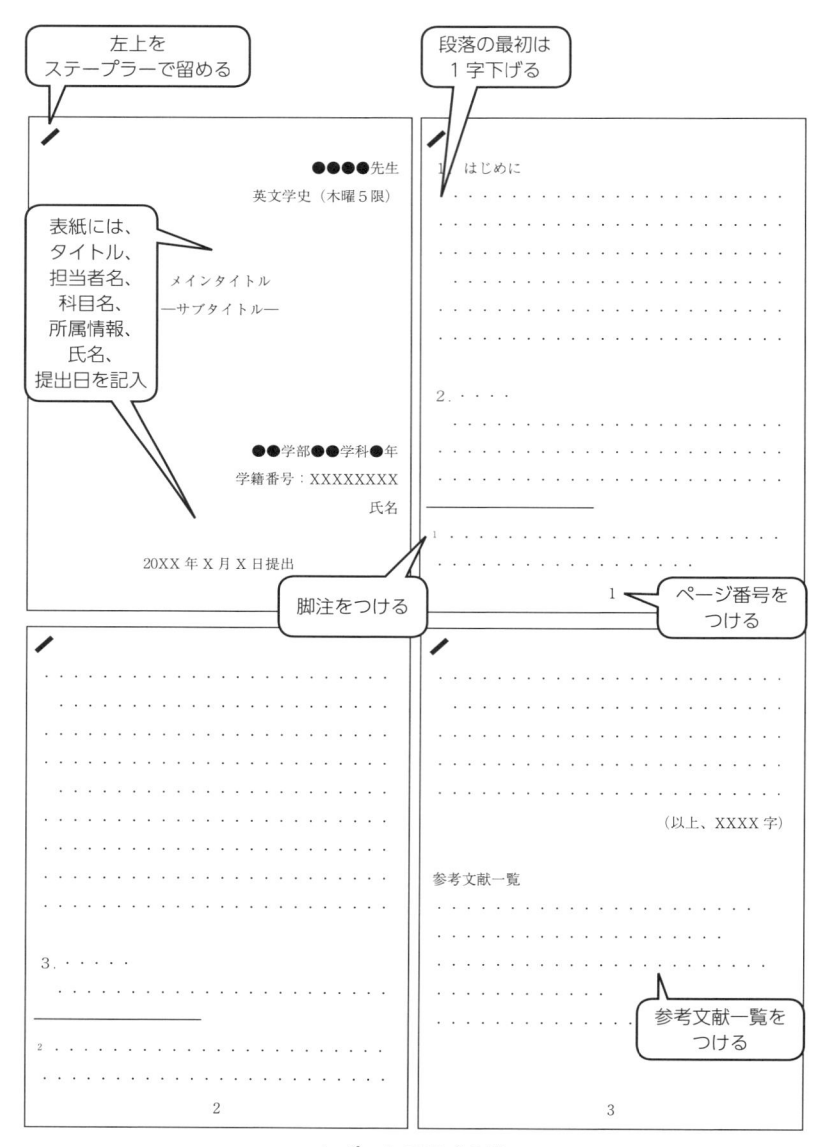

レポートの形式の例

イントを確認しておくとよいでしょう。これらのポイントはレポートの内容とは直接関係のないことです。しかし、「基本的なことができていないなら、中身も期待できないだろう」と思われてしまうこともあるでしょう。この一手間を惜しまないようにしてください。

> **ポイント**
> - 各段落の最初は1文字分下げる
> - 参考文献一覧をつける
> - 字数を確認する（基本的には参考文献や注は除く。「〜程度」のときには±1割程度が目安。Microsoft Word 2013の場合、該当箇所を選択して「校閲」⇒「文字カウント」で確認可能）
> - 誤字脱字がないか確認する（なるべく印刷して読んでみること）
> - ページ番号を入れる
> - 表紙をつける（科目担当者、科目名、タイトル、学部、学科、学年、組、学籍番号、氏名、提出日）
> - 用紙の左上をステープラーで留める（縦書きの場合には右上）

データを提出する場合

レポートはMicrosoft-WordやPDFなどのデータファイルで提出しなさい、と指示されることもあるでしょう。メールで提出する場合には、提出の仕方によってはレポートの形式以上に悪い第一印象を与えることになるので気をつけてください。件名も本文もなく、添付ファイルのみでメールを送ってくる学生がいるという話を聞いたことがありますが、それは論外です。また、メール本文にも気を配ってください。例えば、次のようなメールは決してよいものとはいえません。

> ＜件名＞
> こんにちは
>
> ＜本文＞
> けっこうがんばりました。よろしくお願いしますm（＿＿）m

このメールのダメなところ、わかったでしょうか？　いくつもあって困ってしまいますが、次の点が決定的にダメです。

1. 要件がわからない件名・本文は×（件名の「こんにちは」は迷惑メールと間違われやすいので×）。
2. 顔文字の使用は×。
3. 自分の氏名や所属情報を書かないのは×（たとえレポート本文に書いてあっても×）。
4. 宛名を書かないのは×。
5. 事務的な連絡以外の内容を書くのは×（「がんばったのでよろしくお願いします」といった言葉は、同情を引いて公平な判断を乱そうとしている、と捉えられてしまう）。

　もしかしたら「たかがメールにそんなに気遣いが必要なの？」と思う人もいるかもしれません。しかし、メールもレポートも他の人に読んでもらうものなので、最低限の礼儀は守る必要があります。それに、「まともなメールを送ることのできない人に、まともなレポートなんて書けるはずがない」と思われてしまったら大損です。正当に評価してもらうためには、そのための態度が必要となるわけです。
　メールで提出する場合には、件名に科目名・学部・学年・組・氏名を入れておくとよいでしょう。また、本文には、宛名、メールでレポートを送るという内容、そして所属情報の入った署名を入れておきましょう。特に指定がなければ、ファイル名に氏名と学籍番号を入れておくのもよい気配りです。これができているだけで、「しっかりとした学生」に見えるはずです。「がんばりました」と言葉に出すよりも、よほど効果的でしょう。

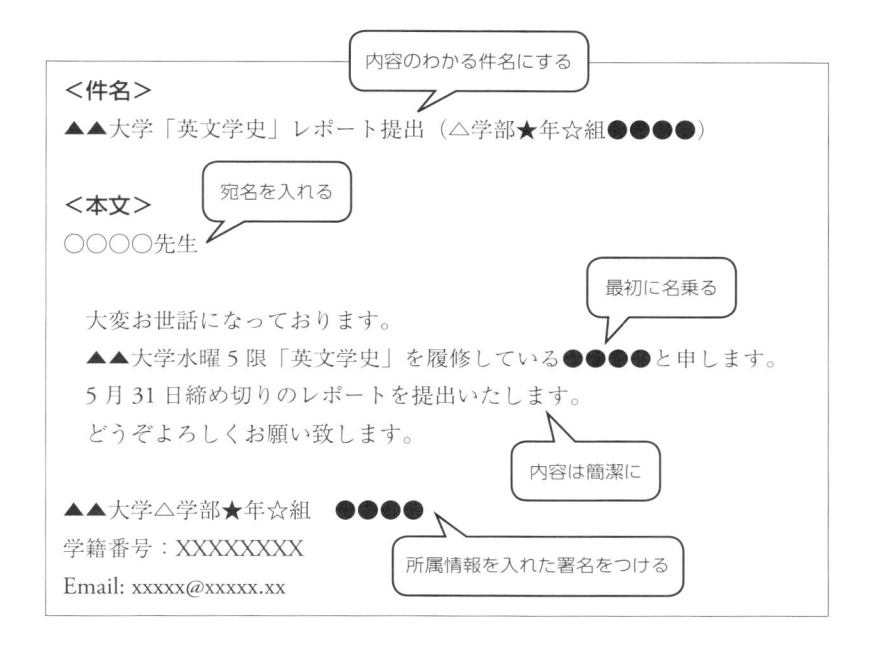

```
<件名>
▲▲大学「英文学史」レポート提出（△学部★年☆組●●●●）    ← 内容のわかる件名にする

<本文>
○○○○先生    ← 宛名を入れる

大変お世話になっております。
▲▲大学水曜5限「英文学史」を履修している●●●●と申します。    ← 最初に名乗る
5月31日締め切りのレポートを提出いたします。
どうぞよろしくお願い致します。    ← 内容は簡潔に

▲▲大学△学部★年☆組　●●●●
学籍番号：XXXXXXXX    ← 所属情報を入れた署名をつける
Email: xxxxx@xxxxx.xx
```

コラム：剽窃が重い罪に問われるのはなぜ？

　剽窃すると厳しい処分を受けるのには、主に二つの理由があります。一つ目は、それが他人の成果物とモチベーションを奪うことになるからです。一つの論証には、多くの労力と時間がつぎ込まれています。生み出すのにどれだけ苦労しても、その成果が一瞬で奪われてしまうのだとしたら、それだけの努力をするモチベーションがなくなってしまいますよね。学問は、知を生み出す営みへの敬意によって成り立っています。剽窃に関する規則は、そうした敬意を表す具体的な表現方法でもあるわけです。

　剽窃を禁止する二つ目の理由は、読者共同体や学問共同体の信頼関係を壊してしまうからということです。ここで少し堅い言葉を使ったのは、剽窃が著者と読者の二者関係に留まる問題ではないということを強調するためです。学問における重要な前提として、著者は、自分が真実だと確信をもったものについて書かなければならないという原則があります。

著者は自分が書いたものに対して誠実でなければならないのです。なぜなら、読者はその誠実さを前提にして、論文やレポートを読み、検討するからです。論文に書かれていることは、少なくとも著者自身が本当に確信を持っていることであり、その記述に著者が責任を持っていなければなりません。

　もしもこの前提が覆ってしまうと、論文を読む際にいちいち「これは本当にこの著者が調べ、考えたことなのだろうか？」と疑いながら読まなければならなくなってしまいます。そうなると、アカデミックな検討作業は全くの機能不全に陥ってしまいます。書き手と読み手の単なる二者関係の問題に留まらないと述べたのは、こうした理由からです。

　剽窃を規制する二つの理由は、そのどちらも、学問的な営為を支えている土台や背景に関わるものです。剽窃はそうした土台を壊してしまう行為であり、単なる「ズル」では済まない重大なものなのです。

・・・

(2) 課題の条件を満たす

　コピペレポートを回避するのと同じくらい注意しなければいけないのが、課題の条件を満たすことです。せっかく頑張って提出したとしても、条件を満たしていなければ結果は散々なものになってしまいます。課題が出されたら条件の確認が必須です。

　まずは**決められた字数（枚数）と提出期限**を確認しましょう。ここから残り時間をどのように使えばよいか考えます。また、あわせて提出方法も確認してください。提出方法によって提出期限も微妙に違ってきます。レポートボックスやアップロードサイトの受付時間も確認しておいてください。提出しようとしたら窓口が閉まっていたということもありえます。また、メールでの提出の場合、提出期限に日付しか書かれていないときには、17時までに提出するのが無難です。

　次に**課題内容（出題テーマ）**を確認します。指定されたテーマが何なのか、それが講義でどのように説明されていたのかを確認しておきましょ

う。出題テーマが講義で説明されていないことであれば、講義内容とどのような関係にあるのかを考えるとよいでしょう。

　また、**課題文献が指定されている場合には、できるだけ早くその文献を手に入れてください**。提出直前だと手に入らないことがあります。おそらく、大学図書館の本はすぐに借りられてしまいます。そうした場合には買うのが早いのですが、地域の図書館も活用してみて下さい。その際、「カーリル」（https://calil.jp/）というウェブサイトを使うのが便利です。このウェブサイトでは、全国の図書館の蔵書検索ができます。

ポイント

レポート課題に取り組む前に課題の条件を確認すること
・課題内容（出題テーマ）
・文字数やページ体裁
・提出期限（提出先窓口の対応時間も確認）
・提出方法（授業で直接？　レポートボックス？　メール？）

（3）課題別の対処法

　大学に入って最初のレポート課題の多くは、**①課題文献を読んでテーマについて論ずる**、または**②あるテーマについて調べてまとめる（または自分なりに論ずる）**、のどちらかでしょう。ここではこの二つについて、最低限の条件を満たしつつ、次のレポートに取り組むための力をつける方法を紹介します。

課題文献を読むタイプのレポート

　課題文献を読むことが条件となっているからには、その文献を読まなければいけません。しかし、この課題文献を読むというのが難しいもので、単純にはいかないことが多くあります。特に困るのは、文献自体が難しく、最初から読んでいってもなかなか読み切れないという場合です。こうなった場合、焦って読み切らずにレポートを書こうとし、散々な目

に遭う人も少なくありません。では、どうしたらよいでしょうか。

　重要なのは、**「筆者はその本全体で何が言いたいのか」**を考えて読むということです。本を1冊読むのであれば、**「はじめに」や「まえがき」、そして「おわりに」や「あとがき」を読めば、筆者が全体として何を言いたかったのか**を理解できます。そうすると、本論を読む準備ができ、はるかに効率よく読み進むことができます。

　課題文献を読むのが苦しくなるケースとしてもう一つ多いのが、講義内容と直接関係なさそうに見える場合です。この場合、その文献をその文献だけで考えようとすると、なかなか理解が進みません。どこか授業内容と関連させることができるのではないか、と考えながら読んでいくとよいでしょう。例えば、講義では第二次世界大戦後の国際情勢について扱っていたのに、レポートでは古代ギリシャの古典が課題文献として出された、ということがあります。この場合、現代の国同士の関係を古代ギリシャの状況と重ね合わせて読むと、理解しやすくなります。一見講義内容と無関係なレポート課題は**講義内容と引きつけて考えてみる**というのが、有効な手段です。

　課題文献は読んだけれどレポートが書けない、読んだけれど全く頭に入ってこなかった、ということもあるでしょう。そうならないように、課題文献を読むときには大事だと思ったところや面白いと思ったところ、講義と関係ありそうなところ、わかりにくかったところなどに**付箋を貼っていく**ことをおすすめします。時間があれば2度、3度読んでじっくり考えられればよいのですが、なかなかそうもいきません。読み通した後は、付箋を貼ったところを中心に、講義内容と関連させたり、疑問点を示したりして、レポートの議論を組み立てていけばよいわけです。また、課題文献の内容を説明したり、課題文献から引用したりするときに、しっかりとページ数を書いておけばレポートとしての完成度も高まるのですが、そのページ数を書くときにも、付箋は役に立ちます。

> **ポイント**
> 課題文献が出されているときには、
> ・書籍の場合は、最初に「はじめに」と「おわりに」を読んで、本全体の概要をつかむ
> ・課題文献の内容は講義内容と関連付けて考える
> ・課題文献は付箋を貼りながら読んでいく

テーマについて調べるタイプのレポート

　調べて論じなさいと言われた場合、多くの人がまずインターネットでキーワード検索をするでしょう。それがきっかけとなって書籍や論文を調べていけばよいのですが、時間がない場合や切羽詰まっている場合には、インターネットからの引用だけですませてしまう人も多くいるようです。しかし、政府関係のサイトなど一部の信頼できるサイトを除いて、ウェブサイトから引用するのは控えるべきです。誰が書いているのかわからないものは、信用に足るものではないからです。客観的な信頼性に欠けていると言ってもいいでしょう。

　やはりテーマについて調べる際には、ウェブサイト以外の参考文献を探す必要があります。「時間がないから無理！」と言うかもしれません。しかし、中にはウェブサイトを巡るよりも効率よく情報を集めることのできる手段があります。ここでは3つを紹介します。

・事典で調べる

　あるテーマについて調べなさいという課題が出たとき、とにかく辞書の説明を書く人がいますが、これは避けるべきです。多くの辞書は扱う言葉の数が多いため、説明も簡単なものになっています。しかし、辞書のような簡単な説明ですむならば、レポートの課題にはなりません。レポートにはもう少し詳細な情報が必要になってきます。そんなときに役に立つのが事典です。まず、一般的な百科事典は、その項目の大まかな内容を知るのに役立ちます。その項目の歴史的な展開や、海外での事例なども知ることができるかもしれません。こうした事典はWikipediaと

は異なり、執筆者が明記されており、入念な編集を経ているため、信頼性の高い情報だといえます。代表的な百科事典としては、平凡社の『世界百科事典』や小学館の『日本大百科全書』などがあります。有料サービスではありますが、インターネットの辞書・事典サイト「ジャパンナレッジ」（http://japanknowledge.com/）も便利です。大学が利用契約を結んでいる場合にはぜひ活用してください。

　また、専門分野の事典ではもう一歩進んだ情報を得ることができます。図書館を覗いてみると、『カウンセリング大事典』、『ワーグナー事典』、『教育思想事典』など、多様な分野の事典があります。こうした事典の中から課題に該当するものを選び、そこからテーマとなる言葉やその周辺の言葉を調べてみてください。事典によっては、記事の中に参考文献が書かれていることもありますので、余裕があればその参考文献をたどることもできます。

・入門書で調べる

　気になるテーマやキーワードについては、各分野の入門書でも調べることができます。本の目次や、本の最後にある索引から、自分の調べたい言葉を探していくと、効率的に情報を得ることができます。書籍の全体を読む余裕がないときには、残り時間を考えながら、該当箇所を中心に読んでみるとよいでしょう。

　入門書の探し方がわからないときには、まずはその科目のシラバス（講義要綱）を見てみましょう。各講義のシラバスには、参考文献として各分野の入門書が指定されていることがありますので、それを活用してみるのがよいでしょう。また、科目名と同名または似た名前の書籍を探すのも効果的です。例えば科目名が「政治学概論」であれば、同タイトルの書籍はたくさんありますし、『政治学入門』という書籍もあります。サブタイトルやシリーズ名に「テキスト」と入っているものも多くありますので、「政治学　テキスト」という検索ワードで図書館の所蔵検索を行ってみるのもよいでしょう。たくさん入門書があってどれを読めばいいのかわからないときには、科目担当の先生にどれがよいか直接聞い

てみるのも一つの手です。結局のところ、人に聞くのが一番早いのです。

・新聞記事検索で調べる

　最後は新聞記事検索を使う方法です。現在、各新聞社が自社のホームページで新聞記事の検索システムを無料で提供しています。また、大学によっては無料版よりも性能のよい有料の検索システムの利用契約を結んでいます。これらはキーワードを入れて検索するだけで記事を検索でき、実際の記事を読むこともできるので、とても効率のよい情報収集ツールだといえます。

　一般教養科目の初歩のレポートであれば、新聞記事でも参考文献としては上出来だと考えている先生も少なくないそうです。授業内容をまとめるだけでレポートを書き上げるよりは、別の資料を参照した方が客観性が増しますし、授業内容と他の情報とを並べて比較することで考察は深まります。一度新聞記事検索を試してみてください。社会科学系の科目や学際的な科目であれば、ほとんどのテーマが新聞記事検索にあらわれてきます。また、自然科学系についても、万能細胞、出生前診断など、社会問題として取り上げられるものが少なくありません。少しの記事を引用するだけで、ぐっとレポートらしくなります。

　また、テーマについて調べるだけでなく、何か自分なりに論点を設定して論ぜよ、という課題が出ていた場合にも新聞記事は有効です。例えば、「講義で扱われていたことが新聞ではどのように問題とされていたか。新聞社ごとに扱い方がどう違ったか」というものでも十分にレポートの題材となります。また、同じキーワードで検索をかけて、2000年以降、1990年代、1980年代と、時代を遡っていき、時代ごとに記事の内容がどう変わっているかを見るのも、面白いレポートの材料となるでしょう。「この問題はいつごろから大きく取り上げられるようになったのか」のように、問題の出発点を探すこともできます。このように、初歩的なレポートの客観的根拠として、新聞記事は大いに役立ちます。

　ただし、新聞だけでどうにかまとめようとして通用するのは最初の間だけだと思っておいてください。2・3年生からは専門的な書籍や論文を、

少なくとも各分野の入門書を読む必要があります。新聞記事はそのためのステップと考えて使ってください。

ポイント

テーマについて調べる場合、
・概要を知るには、事典や入門書を読んでみる
・初歩的な客観的根拠としては、新聞記事を活用する

（4）効率よく時間を使うために
レポートをいくつかのブロックに分けて書く

　大学1年生のレポートで多いのは、2,000字程度のレポートです。原稿用紙5枚程度。慣れていない人にとってはかなり苦しい作業となります。特に頭から2,000字を書こうとすると、途中であきらめたくなったり、取り組みが雑になったりします。

　そこで有効なのが、**レポートをいくつかのブロックに分けて書く**ことです。2,000字のレポートなら、400〜500字程度×5個に分けてみましょう。400〜500字程度なら、長めのツイート3〜4回くらいですね。その気になれば数分で書けてしまいます。そして5つに分けたブロックのうち、最初と最後を「序論」（はじめに）と「結論」（おわりに）にすれば、本論は残り3ブロックでおしまいです。こう説明すると、たいていの相談者が「なんだか書けそうな気がしてきました」と言ってくれます。

　さらに、レポートをいくつかのブロックに分けることのメリットは、単に文字数を埋めやすくすることだけではありません。これによって**レポートの大まかな筋道や文章の構成を考えることにもつながる**ので、結果的に読みやすい文章が書きやすくなるという大きなメリットがあります。こうしたレポートのおおまかな筋道や構成を**アウトライン**といいます。アウトラインを考えることは効率よく文章を書くために、そしてわかりやすい文章を書くために、とても重要な要素です。

> **ポイント**
> 文章を数百字程度のブロックに分けて書くことで、
> ・文章を書くことの心理的な負担を軽減できる
> ・レポートの筋道（アウトライン）を考えることができる

論の構成の例

　いくつかのブロックに分けて書いてみようと言っても、「三つも何を書けばいいの？」と言う人もいるでしょう。レポートの思考に慣れていない間は、構成が思いつかないのも無理はありません。次に論の構成の例をいくつか提示しておきました。与えられた課題や自分のテーマや関心と照らし合わせながら、どんな論が作れるか、考えてみてください。

・すでに言われていることを、わかりやすくまとめる

　授業のまとめだけで十分なこともありますが、新たな資料を用いた調査が要求されることもあります。いずれにせよ、自分の意見が求められていないパターンです。よけいな感想を書いて減点されないように注意してください。

　　（例）「足尾銅山鉱毒事件についてまとめなさい」という課題の場合
　　　　1. はじめに（講義と足尾銅山鉱毒事件の関係）
　　　　2. 事件の概要
　　　　3. 事件の原因として考えられていること
　　　　4. 事件の影響と政府の対応
　　　　5. おわりに（まとめ）

　　（例）「ドイツの司法制度についてまとめなさい」という課題の場合
　　　　1. はじめに
　　　　2. ドイツの司法制度の歴史
　　　　3. ドイツの司法制度の特徴
　　　　4. 日本との違い
　　　　5. おわりに

・自分の意見を述べる

　大学入試小論文と同じパターンですが、客観的根拠を自分で探す必要があるということに気をつけてください。もちろん、入試小論文と同じく、イエスかノーか、AかBかをはっきりと示すことも重要です。「私はAがより良いと考える（序論）。確かにBも○○という点では良いのだが、××という欠点がある。これに対してAは△△である（本論）。以上のことからAがより良いといえる（結論）」といった内容を膨らませればOKです。基本形としてイエス／ノーを問うものや、AかBかを問うものがありますが、発展形として「どう考えるか」を問われることもあります。選択肢がはっきりと示されているわけではないので、難易度は高めです。ただし、こちらも「こう考える」とはっきり述べて、理由と根拠をしっかり提示すれば問題ありません。

　・二つの主張を並べ、どちらが妥当か判断する
　　（例）「出生前診断は許されるべきかどうか、考えを述べなさい」という課題に対して、「出生前診断は許されるべきである」と主張する場合
　　　1. はじめに（出生前診断が話題になっている現状）
　　　2. 出生前診断の概要
　　　3. 出生前診断反対派の意見と根拠
　　　4. 出生前診断賛成の根拠（反対派の根拠の不十分な点を指摘しながら）
　　　5. おわりに（まとめ）

　・あることについての対策や方法を考える
　　（例）「●●の列車脱線事故の原因と再発防止策について論じなさい」という課題の場合
　　　1. はじめに
　　　2. 脱線事故の概要
　　　3. 事故の原因

4. 原因に基づいて考えられる再発防止策
   5. おわりに

・事実を明らかにする、ものの見方を提示する
　前の例では「〜すべき」とか「〜の方が良い」といった主張を述べるのに対して、こちらは「〜である」、「〜はこうなっている」という答えを展開します。客観的なものの見方を提示するために、自分なりに議論を組み立てる必要があります。言い換えれば、「自分で情報を作り出す」というのがこのパターンです。そのために先の二つよりも難易度は高めで、大学での学びの集大成とも言える卒業論文は、多くの場合このパターンとなります。

　・AとBを比較し、特徴を分析する
　　（例）日本とイギリスの裁判制度の違いとその背景を明らかにする
　　　1. はじめに　―なぜ日本とイギリスを比較するのか―
　　　2. 日本の裁判制度の特徴
　　　3. イギリスの裁判制度の特徴
　　　4. 日本とイギリスの裁判制度の違いの背景
　　　5. おわりに　―イギリスからの示唆―

　・物事の歴史的な変化を追って、その傾向を明らかにする
　　（例）学習指導要領を参照してカリキュラム編成の原理の変遷を明らかにする
　　　1. はじめに
　　　2. 戦後初期
　　　3. 1958年から1990年代
　　　4. 1990年代以降
　　　5. 原理の変遷に見られる傾向
　　　6. おわりに

どうでしょうか。ここに挙げたのはほんの数例ですが、それでもいろいろな書き方があることがわかったと思います。アウトラインについてもう少し詳しく知りたい人は、右ページのコラムを参照してください。
　なお、節の数は都合によって自由に設定してかまいません。ただし、節が多くなりすぎると読みづらくなることもありますので、その点には気をつけてください。

コラム：ゼミ選考や就職活動への応用

　レポートを書くということは、自分で問いを立ててそれに答え、読者を想定したわかりやすい文章を書くということです。
　このことを応用すると、ゼミ選考や就職活動での自己紹介や自己アピール、問題解決的な課題にも生かすことができます。次の例を見てください。アウトラインを作ることで、一本の筋のしっかりと通った、わかりやすい説明になります。

（例）このゼミ（企業）を選んだ理由
　　1．人生経験　―過去からのアプローチ―
　　2．興味分野との一致　―現在からのアプローチ―
　　3．将来志望する職業　―未来からのアプローチ―

（例）●●の売り上げを伸ばすためにはどうしたらよいか
　　1．現状分析
　　　（どの地域でどのような商品が売れているか）
　　2．売り上げ低迷の原因の検討
　　　（主力商品と地域のニーズの違い）
　　3．改善計画

コラム：アウトラインの例

　ここで一つ、アウトライン作成の例を見てみましょう。A君が履修する「政治学」の授業でレポート課題が出題されました。「授業で扱ったテーマのうち一つを取りあげて、自分なりに論じなさい」という課題です。どのようにレポートに取り組んでいくとよいでしょうか。

　まずA君は、授業の中で気になった宗教対立について調べてみました。異なる宗教は本当に共存できないのか、という引っかかりがあったからです。下調べをしているうちに、インドネシアは国民の大多数がイスラム教徒であるのに、他の宗教も公認されている、ということがわかりました。公認されているということはある程度共存できているのではと考えたA君は、その点をさらに調べます。その中で、政府の定めた原則に合わせて宗教の側が変化したということがわかりました。

　A君は調べたことを使って、問い＋答えを次のように考えました。

　問い：インドネシアでは五大宗教が国家公認の宗教と定められている。国家公認上の宗教の共存は、どうして可能なのか。

　答え：国が宗教のあり方を定め、それに合わせて宗教の側が合わせていっているから。

　あとは、なぜこの答えが導けるのかの説明をしていきます。ポイントは**章と章のつなぎかたをはっきりさせる**ことです。「①唯一神がいないと宗教とは認めないという原則があった。**しかし、**②この定義に合うのはイスラム教とキリスト教しかない。**そこで、**③ヒンドゥー教と仏教は唯一神を創り出した。つまり、宗教の側が国の原則に対応して動いたのである」。これがA君の考えた大まかなストーリーです。章と章のつなぎを意識すると、アウトラインはわかりやすくなりますし、レポートも書きやすくなります。

　ただし、アウトラインは一度作ればそれで終わりというものではありません。実際に文章を書いている間に、ごちゃごちゃして何が言いたかったのかわからなくなることもあります。そうしたときには、自分が書いた文章をプリントアウトして、その文章のアウトラインを抜き出し

てみます。これを**「セカンド・アウトライン」**というのですが、セカンド・アウトラインを作ることで、文章の中の余分な記述をカットでき、読みやすい文章を書くことができます。

アウトライン

出題 〔授業内容や出題を確認！〕

政治論Ⅰ（アジア）
講義でとりあげたテーマのうち一つを取りあげて論じよ：宗教対立（5/15）
2000字程度。

問い 〔背景の説明＋問い〕

授業では宗教対立を扱った。
宗教の対立が続く中、インドネシアは
世界最大のイスラム教徒人口を持ちつつ、ヒンドゥー教、
プロテスタント、カトリック、仏教を国家公認の宗教と定めている。
なぜそうできたのか。そこに共存のヒントはあるのか？

本論

1．インドネシアにおける「宗教」の定義
　　唯一神がいないとダメ（「〇〇」pp.10~12） 〔パラグラフをつなぐ〕

＜しかし＞

2．定義上の問題
　　その定義をクリアするのはイスラム教とキリスト教！（「〇〇」p.38）
　　→ほかの宗教どうする？という問題（「××」pp.24） 〔ページ数メモ〕

＜したがって＞

3．問題への対応
　　ヒンドゥー教の対応：唯一神がない→じゃあ作ろう！（「△△」pp.110~112）
　　仏教の対応：同じく。唯一神の創出（「△△」pp.140~143）
　　→ふたつの宗教が、かなり柔軟に国の原則に対応している。

結論

1）インドネシアでは、宗教についての原則が定められ、
　　条件を満たさないヒンドゥー教と仏教が「唯一神創出」という形で
　　対応しため、異なる宗教の共存が可能になった。
2）国が宗教のあり方を定め、それにあわせていくスタイルには学ぶべきものがある。
3）ほかの国でもこのスタイルが可能なのかは、今後の課題とする。 〔新たな疑問は「今後の課題」に〕

3 参考文献って何？ どう使うの？ どう書くの？

（1）参考文献は何のためのもの？

　初めてのレポート課題で多くの人が戸惑うポイントの一つは「参考文献」です。「参考文献を使えって言われたんですが、どうしたらいいかわからないんです」。こんな悩みを抱えている学生はたくさんいます。

　ここまでの話を通して読んだ人は、参考文献をどう使えばよいのか大体わかったかなと思いますが、ここで改めてまとめてみましょう。

　「参考文献を使え」と言われると、とにかく本の内容を書き写したり、いくつかの本から切り貼りしたり、といったことをしてしまう人が少なくありません。「参考文献を使わなきゃ」ということがスタート地点としてあると、どうしてもこういった考え方になってしまいます。しかし、参考文献を使う意味がわからずにレポートを書こうとする、いわば「参考文献ありき」の考え方で始めるとたいてい失敗します。

　こうした失敗を防ぐには、レポートの大前提を考えることが重要です。レポートとは、読者を想定した客観的・論理的な文章であって、「問い＋答え＋答えを導く議論」という要素を持っているものでした。この大前提をスタート地点とすれば、参考文献の必要性や使い方が自然と理解できます。

客観的根拠として

　レポートは、他の人に納得してもらうように書くものです。そして、そのためには、独りよがりの考えや思いこみではなく、「この日こんな事件が起こった」「この調査でこういう数字が出ている」「この実験ではこんな結果が出た」、といった客観的根拠が必要になってきます。

　では、客観的根拠はどうやって提示したらいいのでしょうか。例えば、自分で実験や統計調査などを行って、その結果を使うこともできます。しかし、方法に習熟していないのに自分で一から統計調査を行うと偏り

が生じやすく、調べる範囲や数に限りが出てきます。そこで多くの場合、書籍や雑誌記事、論文に掲載された調査報告を使うことになります。

　自分が当たり前のことだと考えていることでも、他の人はそう考えていないということもありますので、気をつけてください。例えば、「学力が低下してきている」、「少年犯罪が増加してきている」といったことはよく言われますが、これは本当でしょうか。それを示すためにも、文献を調べる必要があります。

　普段の生活の中では、客観的根拠をいちいち示すということはあまり多くありません。しかし、大学でのアカデミックな議論の中では、客観的根拠を示すことは一番の基本です。その客観的根拠を示すために、まず参考文献を使うことが必要になってきます。

議論の枠組みとして

　これまで「問い＋答え＋答えを導く議論」が重要だと書いてきましたが、「答えを導く議論」がうまくいかないという人も多いのではないかと思います。そうした場合、参考文献で使われている議論の枠組みを借りてくることがおすすめです。

　例えばある論文で、都市と郊外の子どもの学習時間の比較研究を、イギリスを対象にして検討していたとしましょう。その議論の枠組みはそのままに、同じことを日本について検討してみることもできます。その枠組みに基づいて「日本ではどうか」という問いを立てるわけですね。「パクリじゃないか」と言われるかもしれませんが、これは問題ありません。日本については自分で検討しているわけですから。

　ただ、注意してほしいのは、ここで参考にした論文の情報をレポートに書くことです。最初の枠組み自体を自分で考えたかのように振る舞うと、それは「パクリ」＝「剽窃」です。その枠組みを考えた人に敬意を表して、その情報を書いておきましょう。「●●は、都市・郊外の子どもの学習時間の比較研究を行っているが、ここでの対象はイギリスであった。そこで本レポートでは、日本について同様の比較検討を行う」といった形で書けば剽窃にはなりません。

対決すべき先行研究として

さて、ここまではレポートのために参考文献を味方にすることについて説明してきましたが、一歩高いレベルのものとして、参考文献をあえて敵にする、という方法も紹介しましょう。

自分が立てた「問い」やそれと似たような「問い」に答えている研究は、探せばきっと見つかります。そうした研究を「先行研究」というのですが、自分の出した答えや答えの出し方は、先行研究と完全に同じですか？　きっと違うはずです。その場合、その参考文献は味方ではなく、仮想敵として、覆すべき先行研究として設定されます。「先行研究ではこの点が不十分だから、本レポートではこの点について検討する」といった形で、先行研究を批判していくわけです。難易度の高いレポートや卒業論文では、先行研究の不十分な点を補足したり、先行研究の誤った見方を正したり、といったことが要求されます。

ただ、このとき注意しなければいけないのは、「批判」の意味です。「批判」というと「悪口」をイメージする人が多いのですが、それは違います。批判とは本来、「物事に検討を加え、その正否や価値などを評価・判定すること」（『明鏡国語辞典』）です。つまり、マイナスの評価もプラスの評価も含まれているわけです。「欠点を見つけてやろう」という態度ではなく、「より良い研究にするためにどうしたらよいか」という態度で考えると、極端でない「批判」ができます。

もちろん、慣れないうちは難しいでしょうし、最初はあら探しに近いことしかできないかもしれません。しかし訓練を続けていくことで、徐々に「批判」らしい「批判」ができるようになってきます。

ポイント

参考文献は、
- 自分の議論の客観的根拠として使うことができる
- 自分の議論の枠組みの参考にできる
- 対決すべき先行研究として設定できる

(2) 参考文献一覧の書き方

　参考文献の表示は、読者がその情報を正確にたどり、フェアな議論を行うために必要です。書籍であれば書籍のタイトルや著者名、出版社名、出版年が必要ですが、これらは書籍の奥付（書籍の最後のページ）を見て確認してください。なお、書籍の一部をコピーするときには、その書籍の奥付もコピーしておくと、後々確認するときに便利です。

　これらの文献情報をどのように記載するかは、研究分野などによって、微妙に異なるのですが、基本的には次のように書けばよいでしょう。なお、参考文献一覧に書く場合と脚注に書く場合とでも書き方が微妙に異なります。以下では参考文献一覧の書き方を例として出していますが、脚注を書く場合にはそれぞれの★印を参照してください。

書籍の場合：

　著者名『書名』、出版社名、出版年。
　（例）　文部科学省『小学校学習指導要領』、東京書籍、2008 年。
　＊書名は、『　』（二重カギ括弧）で囲むことに気をつけてください。
　＊出版社が「○○株式会社」の場合、「株式会社」の部分は省略するのが一般的です。
　＊発行年が複数書かれているときには、原則最新版の第 1 刷の年を書いてください。
　★脚注に書くときには、引用したページを後ろにつけること。
　（例）文部科学省『小学校学習指導要領』、東京書籍、2008 年、4 頁。

書籍（翻訳書）の場合：

　著者名『書名』、翻訳者名、出版社名、訳書の出版年。
　（例）　アンドリュー・ラング『書物と愛書家』不破有理訳、図書出版、
　　　　 1993 年。
　＊著者の表記（カナ、英文等）は奥付の表記に従う。
　★脚注に書くときには、引用したページを後ろにつけること。

書籍の中の1つの章の場合：
　　著者名「章のタイトル」、編者『書名』、出版社、出版年、該当ページ。
　　（例）　横山千晶「イギリスからの視座——表象としての『解剖図』」、石原あえか編『産む身体を描く——ドイツ・イギリスの近代産科医と解剖図』、慶應義塾大学出版会、2012年、57-81頁。
　＊章のタイトルや論文タイトルなど、一冊の本の中の一篇は「　」（カギ括弧）で囲むことに気をつけてください。
　＊著者名は、各章のはじめやおわりに書かれていないこともあります。巻頭や巻末の著者一覧、目次なども確認してみてください。
　★脚注には章全体ではなく引用した部分のページのみを示すこと。

雑誌記事や論文の場合：
　　著者名「記事・論文のタイトル」『雑誌名』、巻数（号数）、出版年、該当ページ。
　　（例）　大出敦「虚無より生じる詩——マラルメによる仏教とヘーゲルの受容」『教養論叢』、（128）、2008年、145-188頁。
　＊雑誌名は『　』（二重カギ括弧）で囲み、論文タイトルは「　」（カギ括弧）で囲むことに気をつけてください。
　＊「●巻」の表記がなく通号標記の場合には、巻数は省略。
　★脚注には論文全体ではなく引用した部分のページのみを示すこと。

新聞記事の場合：
　　著者名「記事タイトル」『新聞名』、掲載日付、朝夕刊や版、該当面。
　　（例）　「教育力を高める（1）　さらば一方通行の講義（大学は変われるか）」『日本経済新聞』、2013年11月8日、朝刊、1面。
　＊新聞名は『　』（二重カギ括弧）で囲み、記事タイトルは「　」（カギ括弧）で囲むことに気をつけてください。
　＊新聞記事の著者は記事の最後にカッコ書きされていることもありますので、注意してください。また、記事に著者名が書かれていない場合には記事タイトルから書き始めればOKです。

★脚注には記事全体でなく、引用した部分の面のみを示すこと。

ウェブ上の文書の場合：
　著者・発行者名「文書名」、URL、閲覧日。
（例）　中央教育審議会「新たな未来を築くための大学教育の質的転換に向けて〜生涯学び続け、主体的に考える力を育成する大学へ〜（答申）」、http://www.mext.go.jp/b_menu/shingi/chukyo/chukyo0/toushin/1325047.htm、2014年1月19日閲覧。
　＊ウェブサイトは今日見ることができても明日には改変されているという可能性もあります。そのため、他の資料とは違って閲覧日を記すことが必須となります。

（3）参考文献のその他の使い方
テーマ決め、問い立てのため
　読んだ文献はテーマ決めや問い立てのために使うこともできます。
　何の知識もない状況では、何についてレポートを書くか、というテーマを決めることすらできません。その状態では「問い」もあやふやなものになってしまいます。もちろん、講義の内容を手がかりとしてテーマを決めることもできます（その方法については第2部1章（4）を参照してください）が、そこからさらに焦点を絞って「問い」を立てようとすると、新たに文献を読む必要が出てきます。また、講義の内容にあまり関心がもてなかったときには、自分の関心のあるテーマについて調べ、それを授業内容と関連させることで面白いレポートを書くこともできます。このように、レポートを書く初歩の段階、テーマを決める段階でも、参考文献は活躍します。

資料探しのため
　資料を探すとき、多くの人は蔵書検索システムや検索エンジンを使うでしょう。しかし、これにばかり頼っていると大事な資料が手に入らないことがあります。そんなときには、一つの文献をまず読んでみて、その中にある「参考文献」をチェックしてみましょう。今まで検索にひっ

かかってこなかった文献を集めることができます。客観的根拠を集めるためにも、参考文献を使うことができるわけです。

こうした方法で資料を集めていくと、信頼できる資料をある程度見極めることもできます。多くの人が引用している資料であれば、それはある程度信頼できるものだといえますので。

書き方の手本として

レポートや論文の書き方の手本としても、参考文献は活用できます。文章を上手に書き、わかりやすい議論を組み立てられるようになるには、上手な文章を手本にするのが一番です。本や論文を書く人は、相手を説得するためにどうしたらよいか、ということを長い間考えてきています。そうした人に学ばない手はないでしょう。

何か文献を読んで、読みやすい、わかりやすいと感じたならば、ぜひその文献の書き方を真似してください。どうして読みやすいのか、なぜわかりやすいのかを考えてみると、効果はさらに倍増します。議論の枠組みを借りるだけではなく、一文一文の書き方や、章や節の展開のしかた、引用の使い方などなど、学ぶべきことはたくさんあります。

「書き方を真似してみよう」と言うと、「それはパクリなんじゃないか」とか「自分のオリジナリティがなくなってしまうんじゃないか」といった不安を感じる人もいるでしょう。しかし、これも「パクリ」のようでパクリではありません。スポーツや楽器の演奏、絵画、囲碁等で上達するために、上手な人の真似をするのと同じです。最初のうちはそれこそ猿真似かもしれません。しかし、いろいろな文章を真似て、実際に書いているうちに、自分なりの書き方が生まれてきます。安心して、真似をしてみてください。

ポイント

読んだ文献はレポートの参考文献一覧に登場させる以外に、
- テーマ決めや資料探しのために使うことができる
- レポートや文章の書き方の手本になる

4 他人の考え（引用）だらけ！どうしたらいい？

（1）なぜ引用だらけになってしまうのか

「●●とは〜〜だと定義されている」、「〜〜について、○○は……と言っている」、といった引用文の羅列になってしまっているレポートも多く見かけます。こうした場合、書いている本人としても「これでいいんだろうか」と心配になるでしょうし、実際のレポートの評価としてもあまりよいものにはなりません。もちろん、引用したことを明記せずにおくよりはるかによいのは確かです。しかし、引用の羅列になってしまっている場合、レポートとして大事な部分が欠けていることが多いのです。次の例で考えてみましょう。地方自治体の行政改革についてのレポートです。

　地方自治体の行政改革の問題点について考えたい。●●によると、1980年代以降の自治体の行政改革は、国の主導によって進められてきた。政府が全国の自治体に対して行政改革の具体的な方針や指針を通知していた[1]。○○も、国が主導の自治体の行政改革には問題があったと言っている[2]。次に、職員の評価の問題もある。☆☆は、職員評価の重要性が認識されてきてはいるが、それが十分に現場の改善には生かされていないと指摘している[3]。たしかに、どのように職員を評価して業務を改善するのかは、難しい。

　その他にも問題点があることが指摘されている。△△によれば……（中略）。

　こうして、自治体の行政改革については、たくさんの問題点があることがわかった。苦労して調べたが、調べた甲斐があった。

---

[1] ●●『●●●●』●●出版、●●年、●頁。
[2] ○○『○○○○』○○出版、○○年、○頁。
[3] ☆☆『☆☆☆☆』☆☆出版、☆☆年、☆頁。

どうでしょうか。注もつけているようですし、レポートとしての体裁を整えようとしていることはわかります。しかし、問題点がたくさん挙げられているだけで、それが全く検討されていないのです。「これだけ勉強しました」ということを示すことはできるかもしれませんが、自分が勉強してわかったことを書くだけではレポートとしては不十分です。また、前に書いた通り、最後の段落の「がんばりました」アピールはレポートとしては蛇足です。

　では、しっかりとしたレポートにするにはどうしたらよいかというと、「問い＋答え＋答えを導く議論」を明確にする、ということに尽きます。ただ、それだけでは明確なイメージがわかないことも多いでしょうから、もう少し説明を加えていきましょう。引用の羅列になってしまう場合には、次のようなパターンが考えられます。

・問いが立てられていない
・問いは立てられているが、広すぎる

問いが立てられていない

　まず、明確な「問い」が立てられていなければ、それは大きな問題です。問いが明確でなければ、そのレポートでどのような答えを出すのかも曖昧なものになりますし、答えを導く議論のために資料や先行研究を使うということもできません。そうすると、目的の曖昧な引用で字数だけが無駄に増えていき、何を伝えたいのか全く分からない切り貼りになってしまいがちです。まずは問いを立てること。これが重要です。

　問いを立てれば、自然とそれに答えようとするはずです。他の人の言葉を並べ立てるだけでは、問いに対して答えることはできません。他人の言葉は根拠として使うことはできます。しかしそれを使って最終的に答えを出すのは自分の仕事です。自分の言葉で引用と引用をつないで、文章を組み立てていかなければならないのです。このことが意識できれば、引用の羅列は起こりにくくなるはずです。

問いは立てられているが、広すぎる（曖昧すぎる）

　問いが立てられれば、レポートはうまく進み始めます。しかし、ただ問いを立てればよいというわけでもありません。問いがあっても引用の羅列が起こってしまうことはあります。先ほどの例では「行政改革の問題点は何か」という問いはあるのですが、それにもかかわらず引用の羅列になってしまっています。その大きな原因は、問いが広すぎることにあります。

　扱うべきことが多くなれば多くなるほど、情報は羅列的なものにならざるを得ません。先ほどの例では、行政改革の問題点をできるだけ多く挙げようとしてしまったために、引用だらけになってしまっています。これを防ぐためには、焦点を絞ることです。先の例のように問題の羅列になってしまったときには、その中の**一つの問題に焦点を当ててみる**とよいでしょう。例えば、「地方自治体の行政改革にはこのように多様な問題があるが、その中でも職員の適切な評価にもとづいて組織を合理的に改革していくことは特に重要だと考えられる。そこで今回はその方策を検討する」といった形です。また、「このように多様な問題があるが、それらを引き起こす基盤ともいえる要因は何だろうか」といった形で**全てをまとめ上げてみる**という考え方もあります。ただ、こちらの場合は見るべき資料が多くなるため、難易度は高く、字数も多めになります。

　いずれにせよ、広すぎる問い・曖昧な問いを一段階絞り込んでいくことで、引用の羅列を防ぐことができます。

ポイント

・引用だらけを避けるためには、焦点を絞った明確な問いを立てること

（2）問いを立てるために

　今まで見てきたように、引用の羅列に陥るのは、「問い＋答え＋答えを導く議論」がはっきりしていないからです。特に大事なのは「問い」を

明確に立てること。「問い」をしっかりと立てられれば、何のためにその文章を引用するのか、ということをしっかり意識することができます。そうすれば、レポートが単なる情報の羅列になってしまうこともなくなるはずです。

　ただし、そうは言っても慣れていない間は「問い」を立てるのも難しいかもしれません。そんなときには、次の二つのことを試してみてください。

複数の文献を参照して、対立させる

　まずは複数の文献を対立させて、「どちらの結論（意見、答え）がより妥当か」という問いを設定して考えてみましょう。「AかBか」という問いが立てば、「Aがより妥当である」、「Bがより妥当である」といった明確な答えが出せます。すると、レポート全体がすっきりしたものになるでしょうし、複数のものの見方を検討することで、視野も広がります。

　ここで注意してほしいのは、読んだ文献の「答え」や結論だけでなく「答えを導く議論」を検討するということです。例えば、「Aは人口規模を検討して〇〇という結論を導いているが、そこに年齢層の検討がなされていないのは不十分である。年齢層別に考えたら、むしろBが妥当である。なぜなら……」といった形で議論を行うことができます。AとBのどちらがより妥当かということを、別の根拠をもってきて考えればよいわけです。

　なお、この方法で考えたレポートの結論は、A・Bのどちらかでなくとも構いません。「AとBのどちらもダメだ」という結論を導くのもよいでしょう。また、これを一歩進めると、「AとBの意見対立の原因は、●●そのものについての考え方ではなく、それ以外の点にあるのではないか」、「AとBは●●の観点からすると、実は同じことを言っているのではないか」、「実はAかBかという問題ではないのではないか」といった問いを立てることもできます。「AかBか」と考えるのはあくまで出発点であって、その後は自由に発想を展開させてください。

同じことを別の場合（国・地域、時代、人……）について考えてみる

　例えば、ある地方公共団体の行政改革について読み、その方式が素晴らしいものだと思ったとしましょう。そうなると「他の地域もこの方法で改革を進めればいいのに」と考えるのが自然だろうと思います。しかし、その改革の方法は他の地域にも適用できるものでしょうか。財政基盤やその地域の産業、住民の年齢構成などなど、条件は各地域で異なります。そのどれか一つか複数について検討して、もともとの方法が別の地域でも適用可能かを考えるのは、有効な戦略です。このようにして、ある方法や理論が別の場合でも適用可能かを考えるのはレポートに取り組む際にとても有効な方法です。

ポイント

問いを立てるためには、
・複数の文献を参照して、意見や見解を対立させてみる
・別の場合（国・地域、時代、人……）について考えてみる

5 「自由に論ぜよ」って言われても、一体どうすればいいの？

（1）テーマを設定するには

疑問を抱くことが大事

　「自由に論ぜよ」という課題では、「問い」を自分で立てることが求められています。**問いを立てるために必要なのは、講義内容や読んだ本の内容、日々の生活などに疑問を抱くこと**です。しかし、いきなり「疑問を抱け」と言っても難しいでしょう。自由に論じるための疑問を出すことができずに、自分は能力がないとあきらめてしまう人もいますが、それは間違いです。**疑問を抱くというのは、実は訓練が必要なこと**です。最初から気の利いた問いを出すことは、とても難しいことです。推理小説のトリックの伏線となる箇所をおさえるのが上手な人がいますが、これも最初から天才的にわかるというものでもありません。たくさんの小説を読んでいるうちに、トリックのパターンや伏線の見つけ方を学んでいったのでしょう。レポートの場合も同じです。他の人の問いを見ながら、疑問を出す訓練を行っていく必要があるわけです。普段から講義内容に即して、それが昔からそうだったのか、例外はないのか、他の国や地域でもあてはまるのか、など様々な疑問を立てる習慣をつけておくとよいでしょう。

疑問を抱くためにも下調べは大事

　レポート初心者にありがちなミスとして、文献を読まずに自分の考えだけを書いていこうとする、ということがあります。しかし、これまで説明してきたとおり、大学のレポートには客観的な根拠が必要です。何も調べずに書こうとすると、印象論になってしまい、読者との意思の疎通も難しくなってしまいがちです。そのためにも、他の人と共有できるような客観的なものを準備するべきなのです。

　さらに重要なのは、**知っていることに関連させなければ疑問は生まれ**

にくいということです。例えば、「現代日本の農業の問題点について論ぜよ」という課題が出たとして、日本の農業が実際にどうなっているかを知らなければ問題点を挙げることもできないでしょう。しかし、農業技術の発展が一部の作物に偏重し、飼料作物については技術の停滞が起こっているということを知れば、そこから問題点を考えることもできます。また、海外や過去の事例について知れば、現代日本の農業を当然のものと考える態度は改まり、問いも立てやすくなるでしょう。

　このようにして、「問い」を立てるにはある程度の知識が必要になってくるわけです。講義内容はそのための一つの材料になります。また、半期15回の講義の中では説明しきれないことはたくさんありますので、講義のテキストや参考図書を読んでみるのも良いでしょう。

　ただ、気をつけてほしいことが一つあります。それは、**いきなり専門性の高い論文や専門書に挑まない**ことです。やる気のある人ほどひっかかりがちな落とし穴なのですが、これでは効率が悪くなってしまいます。「専門書の方がレベルの高いことが書かれているからそっちの方がいいんじゃないか」と考えるかもしれません。しかし、専門性が高いということは、書かれている範囲が限定されているということです。全体像を理解するには適していません。その分野についての基本的な知識を得るには、まずは入門書やその分野の専門事典を引いてみるのがおすすめです。基本的な知識を得てからの方が、専門書の理解も深まります。

読んだ文献の根拠が妥当か考えてみる

　「この本、いいことを言っているなぁ」と思うときには、そこに書かれている「答え」や主張ばかりが印象に残りがちです。しかし、アカデミックなレポートで大事なのは、「その答えを導く議論」です。その議論に疑問をはさんでみるというのは、とても大事なことです。「学生が専門家に反論するなんて無理じゃないか」と思うかもしれませんが、完璧な議論なんてありません。それに、1冊の本や1本の論文で言えることは限られています。焦点を絞って論じなければならないので、どうしても全てを論じきることはできません。そうなると、扱えなかった例や、違

うパターンについてなど、疑問をはさむ余地は必ず残っているものです。

「答え」ばかりに注目していると、問いを立てようとしても、賛成か反対か、というレベルでしか考えられません。**なぜそのような答えが出てくるのか、本当にそうなのか、という問いを立てることができれば、思考のパターンは格段に増えます**。最初のうちは苦労すると思いますが、これも訓練です。繰り返しているうちに必ず慣れてきます。

ポイント

「自由に論ぜよ」という課題には「問い」が必要。そのためには、
- 疑問を抱く訓練を重ねる
- 知っていることに関連づけて考える
- 講義や入門書等で手に入れた基本的な情報を整理する
- 参考文献の主張だけを見るのでなく、その議論・根拠に注目する

---

(2) テーマを設定する時の注意点
自分に扱えるテーマかどうかを吟味する

ここまでの説明で、ある程度レポートで扱ってみたいテーマが設定できたかもしれません。そうしたらそこから突っ走るのではなく、一度落ち着いて、それが自分に扱えるテーマかどうかを考えてみてください。

まず、よく言われるのは広すぎるテーマはダメだということです。「テーマを絞る＝専門化する＝難しくなる」と考えて、テーマを広くした方が楽だろうと考える人も多いのですが、それは違います。むしろテーマを広くすると、読まなければならない文献や検討しなければならない事柄が増えるため、難易度は高くなり、作業量も増えていきます。**テーマはできるだけ絞って設定する**必要があります。

では、テーマを絞るにはどうしたらよいでしょうか。簡単な方法は、**キーワードを狭めること**です。例えば、単に「都市計画について」とするよりも「ヨーロッパにおける都市計画」の方が狭いテーマです。さらに「ドイツにおける都市計画」や「ドイツの大学都市フライブルクにお

ける都市計画」としていくと、より狭まっていきます。また、別の種類のキーワードと結びつけて「都市計画と社会福祉の関係」とするとテーマはぐっと狭くなります。さらに一つ増やして「福祉社会における都市計画の問題―社会的孤立に焦点を当てて―」とすれば、調べる対象も必要な資料も少なくて済みます。このようにキーワードを複数組み合わせたり、条件を付け加えたりすることで、テーマを絞ることができます。付け加える条件としては、例えば対象（誰、何）、場所、時（時期、時代、期間）などが考えられます。それぞれ次のようなキーワードがあるでしょう。

条件	例
対象（誰、何）	児童、高齢者福祉施設、健康と福祉のまちづくり条例など
場所	日本、関東地方、東京都、港区など
時（時代、時期、期間）	第二次世界大戦後、1990年代、2014年、1か月間など

ただし、テーマを狭めすぎると資料が出てこないということにもなりかねませんので、資料が出てくる範囲でテーマを設定する必要があります。例えば、「ドイツの大学都市フライブルクにおける都市計画」というテーマでは資料が手に入りにくいかもしれません。資料が存在していたとしても、現地にいかないと手に入らないかもしれませんし、そもそもドイツ語が読めなくて使えないかもしれません。そうした場合、自分に扱える資料が手に入るものに視点を変える必要があります。

ポイント

レポートのテーマが自分に扱えるものか考えることも大事
そのためのポイントは、
・テーマはできるだけ絞って設定すること
・テーマを絞るには、キーワードを複数組み合わせること
・資料が手に入るテーマを設定すること

「〜すべき」だけじゃダメ

　大学で重視されるのは、「〜すべき」を論ずるレポートよりも、**「何がどうなっているのか」**を論ずるタイプのレポートです。最終的に「〜すべき」が求められていたとしても、その前には必ず「何がどうなっているのか」を論ずる必要があります。

　レポートは客観的な文章だとこれまで説明してきました。客観的にというのは、特定の立場にとらわれずに、ということです。人間は人それぞれに多様な価値観を持っていますが、レポートではそれぞれの価値観の違いを超えた形で文章を書く必要があります。しかし、「〜すべき」という主張は、最終的には自分の価値観を相手に受け取らせることを目指しています。そのため、「〜すべき」だけで議論を行おうとすると、それは大学らしい、アカデミックなレポートではなくなってしまうわけです。

　次の例を考えてみましょう。たとえ「リンゴは健康に良い」ということが立証されたとしても、「リンゴを食べるべき」という意見を全ての人が共有することは難しいでしょう。健康は何より大事だと考える人は、この意見をすんなり受け入れるかもしれません。しかし、リンゴが嫌いな人は健康よりも自分の好き嫌いを優先させるかもしれません。「リンゴを食べるべき」という意見を受け入れるかどうかはそれぞれの立場によって変わってきてしまうわけです。

　もう少しレポートらしい例で考えてみましょう。「日本も大学でのキャリア教育を強化すべき」という結論はどうでしょうか。なぜ強化すべきかを客観的に説明できるでしょうか。意外と難しいはずです。「海外の大学ではキャリア教育についての施策がたくさんあるから」という理由を出すこともできるかもしれませんが、そこには「海外でやっていることは日本もやるべき」という価値観が前提として働いています。そうすると、「海外でやっているからといって日本でやる必要はない」と考えている人を説得することはできません。同じように「これまでの日本の大学は、学生が将来の職業を考えるようにさせてこなかったから」という理由も、「大学は学生の就職に責任を持つべき」という価値観を前提としています。この場合にも、そう思わない人を説得することはできません。

第 1 部　基礎編　　61

また、「〜すべき」を結論にしようと考えてレポートに取り組むと、結論ありきで、他の可能性を考えずに進めてしまうことになります。これは冷静で客観的なものの見方とは言えません。レポートにふさわしくない態度になってしまいます。

　このように、「〜べき」だけだとアカデミックな議論になりにくいわけです。問いを立てるときにはこのことにも注意する必要があります。入学後すぐのレポートでは、「〜すべき」を結論としても厳しく減点されることは少ないかもしれませんが、「〜すべき」に留まっていてはアカデミックなレポートを書き上げることはできません。特に社会科学系の学部に属する人は、ここで失敗することが多いようです。

　では、アカデミックな議論にするためにはどうしたらよいでしょうか。そこで大事なのが、「〜すべき」より先に、**客観的に「何がどうなっているのか」**を問題にすることです。すると「何が〜なのか」、「なぜ〜なのか」、「どのように〜なのか」、「どの程度〜なのか」、などといった問いが立ちます。先ほどの例に合わせてみると、「イギリスの大学でのキャリア教育は誰が担っているのか」、「なぜ大学におけるキャリア教育が問題になってきたのか」、「〇〇大学のキャリア教育はどのように行われてきたのか」、「アメリカの大学においてキャリア教育に関する部署はどの程度普及しているのか」、といった形の問いを立てることができます。このような問いに対する答えは、立場によって大きく見方が変わってしまうものではありません。「〜すべきか」という問いではなく、こうした問いが立てられれば、レポートの議論は客観的なものになっていきます。

　ここまで読んで、疑問に思った人もいるでしょう。本格的なレポートでは「〜すべき」を述べてはいけないのでしょうか。もちろん、禁止されているというわけではありません。レポート課題に「どうすべきか論じなさい」と書かれていることもあるでしょう。しかし、その場合にもレポートの本論では「〜すべき」だけではなく「何がどうなっているのか」を論ずる必要があります。「何がどうなっているのか」という客観的分析なしには「〜すべき」を持ち出すべきではないのです。客観的な論証ができた後で、それを手がかりとして「〜すべき」を論ずるのがよい

でしょう。また、その場合、限定なしに「～すべき」を述べるのではなくて、何かしらの条件をつけた上で述べるのが安全です。条件をつけることで、価値観が異なる人からの反論を、一部回避することができます。先ほどの例でいえば、まず「イギリスの〇〇大学はここ数年で学生の就職率を向上させたが、その要因は何か」という問いに対して「日本の大学にはない●●という組織を作ったのがその要因の一つである」という答えを出します。そしてその後で、「学生の就職率を向上させるならば、日本の大学でも●●の導入を検討すべき」という提案を示せばよいわけです。条件をつけることで、「大学は学生の就職に責任を持つべき」と考えていない人に対しても、ひとまずこの結論を理解してもらうことができます。卒業論文のレベルになると価値観の部分に触れる必要も出てくるかもしれませんが、レポートの入門としてはこれで十分です。

> **ポイント**
> ・「～すべき」だけではレポートにはならない
> ・「何がどうなっているのか」を問題にすることが重要
> ・「～すべき」を論じなければならないときにも、まずは「何がどうなっているのか」を論証し、それをもとに「～すべき」を論ずる

(3) テーマ設定の例

ここまであれこれとコツを書いてきましたが、実際につまずいたときにはそれを適用することができずに困るということもあるかもしれません。そしてそうしたときの悩みこそ、最も苦しいものだろうと思います。

そこで、テーマ設定で悩んだ学生の相談の例を二つ挙げてみました。実際につまずいてしまった人がどのようにして立ち直っていったのかを読んで、参考にしてみてください。

人文学系の例

一般教養科目の「文学」の講義で、「ドイツのロマン主義の作家を一人選んで自由に論じなさい」という課題が与えられたAさん。Aさんは

講義にはしっかり出席していました。が、文学史の知識に自信がなく、文学作品を分析した経験もないAさんは、テーマ設定で詰まってしまいました。相談員Pとの会話の中で、Aさんはテーマを絞るヒントを得ていきます。

A：相談いいですか？　今、文学作品に関するレポート課題が出されているんですが、テーマ設定の仕方がよくわからなくて……。

P：テーマ設定ですか。ちなみにどんな課題ですか？

A：「ドイツのロマン主義作家を一人選んで自由に論じなさい」というものなんですが、自由に論じるってどうすればいいんでしょう？

P：そうですね。まず確認なんですが、授業内で題材についての解説はありました？

A：文学史の講義なんですけど、ロマン主義についてのひと通りの解説はありました。個々の作品を細かくは見てないですが、代表的な作家については教わっています。

P：なるほど。その中で、自分で読んだものって何かありますか？

A：いえ、ないです。作家の名前を少し知ってるくらいで、実際どんなものかはまだわからないんです。1冊読んでみようと思う本はあるんですけど、読んでも何も書けそうな気がしなくて。

P：それじゃあ、まずテーマ選びのコツについてざっくり説明しましょうか。人文学系のレポートでテーマを選ぶためには、**実際に読んでみた中で感じた疑問や違和感などを出発点にする**といいですよ。読んでいて全部が理解できるってことはなかなかないでしょうから。

A：違和感ですか。そういうことを考えて読んだこと、ないですね。

P：いきなり言われても確かに戸惑っちゃいますよね。ちょっと例を挙げてみましょうか。例えば、「ここでこんな展開になるのはなぜなんだろう？　何を表現しようとしているんだろう？」といった主題的なこととか、「なんでこいつこんな行動をするんだろう」といった人物の行動や展開についてとか。他にもいろいろありますよ。

A：あ、それなら少しわかるかもしれません。海外の小説とかで、ちょっとよくわからないなあって思うことはたまにあります。でも、そんなに掘り下げて考えたことはないんですよね。

P：普段はあまり意識しませんよね。でも、そこを頑張って掘り下げると作品の読み取り方も変わってきますよ。その掘り下げをレポートにしていければ理想的ですね。最初は難しく思えるかもしれないけれど、これも訓練次第でできるようになりますよ。

A：なるほど。なんとなくわかってきたような気がします。でも、まだそんなにしっかりと読めないので、うまくいくかどうか……。

P：そうしたら、もう少しヒントを出しましょうか。おすすめは、**講義で習った文学史的な知識をもとに本を読んでいく**ことですね。

A：文学史的な知識っていうと、「〜主義」みたいなやつですか？

P：そうそう。そうした**潮流による整理**や、**作風・モチーフの影響関係などの背景知識を前提にして、疑問をふくらませていく**のはやりやすい手ですよ。「この作家は○○主義だと言われているけど、この作品にはあてはまらないんじゃないかな」とか。逆に、個々の作品の中に見つけた疑問・違和感を出発点にすることもできます。「実はこの作品には、○○主義の影響があるのかもしれない」とかですね。さっき言った違和感を、講義内容と比べて確かめるわけです。

A：ああー、なるほど。それっぽくなってきましたね。

P：「知識と結びつける」って言うと難しく聞こえるかもしれないけど、出発点は自分が感じた疑問だから、そんなに構える必要はないんですよ。素朴な疑問からでいいんです。

A：でも、結構資料とかを読む必要がありそうですね。その作家の作品をいくつかと、○○主義について書かれている本と、○○主義の別の作家の本と……。正直、無理そうです。

P：そこは講義で聞いたことをうまくヒントにしていけば、今からたくさん読まなくても、ひとまず大丈夫。確かに全部読めればいいけど、他のレポートやテストもあるだろうし。先生だって、**せっかく講義で扱った内容なんだからそれを生かしてほしい**と思っているはず。

A ：なるほど。

P ：「○○主義は●●という特徴があると授業で習ったが、この作者の作品にこの特徴は当てはまらないのではないか」といったような書き方でいいと思いますよ。もちろん、単に「授業出てました」アピールをするんじゃなくて、**講義内容に触れるときには自分の論を進めるのに必要なところで効果的に使うのが大事**ですね。
さて、どうでしょう？　とっかかりはつかめましたか？

A ：はい、なんとかなりそうです。ありがとうございました。

ポイント
・素朴な疑問や違和感などを出発点にするのが有効
・見つけた疑問は講義内容と結びつけて考えてみる

社会科学の例

「都市経済学」の授業で「授業内で扱った地域振興の例を参考にしながら、自分で町を指定して、その町の振興計画を立てなさい」というレポート課題が与えられたB君。まずは何かしらデータを集めなければいけないと思って相談に行ったのですが、相談している中でデータを集める前にやるべきことがあるということに気づいたようです。では、相談例を見てみましょう。

B ：すみません、相談いいですか？　レポート課題で使うために観光のデータがほしいんですが。

P ：何かのレポートや課題のための資料探しですか？

B ：はい。「都市経済学」で、地域振興についてレポートを書くんです。

P ：なるほど。それで観光をテーマにして書きたいってことですね。課題についてもうちょっと詳しく教えてもらってもいいですか？　具体的にはどんな課題でしょう？

B ：ええと、授業でいろいろな地域振興の例を扱ったんですけど、それを参考に、自分で好きな町を指定してその町の振興計画を立てるっていう課題です。

P ：なるほど。どの町で書くかは決めました？

B ：いや、まだです。どこか書きやすいところはないですか？（笑）

P ：うーん、私が決めてしまうとかえって難しくなると思いますよ。**今回のレポートは授業の内容を他の場合に当てはめて考える**、というものですよね。**そうした場合には、自分がよく知っているものを考える**のがとっつきやすいと思いますよ。もし全く候補が挙がっていないというのであれば、自分の愛着のある町とか、地元とか、そういった町の方が、理解がある分書きやすいんじゃないかと。

B ：うーん、うち地元が都心部で、栄えちゃってるんですよね（笑）

P ：あら、そうですか（笑）
そこを新たに別角度からっていうのもあるかもしれませんが、別のところも考えてみましょうか。例えば、旅行でいったところとか、親戚の住んでいる町とか。

B ：あ。ばあちゃん家の方はさびれてるなぁ。M町の方なんですけど。

P ：M町を題材に書けそうですか？　うまく資料が集められればレポートも書きやすいだろうと思うんですけど、どうでしょう？

B ：はい、たぶん。町おこしについてはいろいろとじいちゃん・ばあちゃんや近所の人から聞いたりもするんで。どんなことをやってるのかはわかりやすいですね。今どんな状態なのか、とかも。

P ：「実際に住んでいる人の意見を聞きました」というのも面白いかもしれませんね。ただ、そればっかりになってしまうと客観的な根拠に乏しいものになりそうなので、文書化された資料はしっかり集めておきたいですね。**資料が集まるかどうかもテーマや対象を選ぶときの大事なポイント**なんですが、そのあたりはどうでしょう？

B ：うーん、そうですね。ばあちゃん家に遊びに行ったときに町おこしのイベントのパンフレットなんかを見たことがあるんで、それも使えるかもしれません。

第1部　基礎編　67

P : なるほど。地元だと手に入れやすい情報がうまく入手できそうですね。内容としてはどうでしょう？　観光で書きます？

B : そうですね。観光って切り口なら書けそうな気がします。温泉とかあるけど、箱根とか熱海ほど繁盛してないみたいだし、どうやったらもっとうまくいくかなーって。

P : なるほど。箱根や熱海との比較ってことになりますね。**社会科学の場合にも人文学の場合にも、別のものとの比較は有効な手段ですよ**。大まかな情報なら町のウェブサイトでも公開していますし、何が足りていないか、といった分析もできると思いますよ。

B : へぇ。それ、調べてみます。

P : 調べてみて、もしも資料が多すぎるようなら、「どうやって外国人観光客を呼び込むか」とか「家族連れにアピールするにはどうするか」といった具合にテーマを絞り込んでみてもいいかもしれません。

B : なるほど。まず箱根の統計を調べてみて、M町と比較して書いてみます。ありがとうございました。

ポイント
・自分がよく知っている対象（町、映画、祭り……）を考えるとレポートも書きやすくなる ・レポートの対象は、資料が集まるものにすること ・調べただけで終わりそうなときは別の対象との比較を考えてみる

KJ法を使って議論を組み立ててみる

　これまでは、「まず問いを立てて、それに沿って議論を組み立てていこう」という話をしてきました。しかし、この方法がうまくいかないこともあります。そんなときには、「今手元にある資料からどんなストーリーが考えられるか」という、逆の向きで考えてみるのも一つの手です。

　ある相談者は「音楽」の科目レポートのためにいろいろなことを調べて、次のようなことを考えていました。これをどうやってまとめたらよいでしょうか。

授業で扱った民族音楽が面白いかなと思って、南米のフォルクローレについて調べてみたんです。ボリビアとかペルーとか、アンデスの音楽です。駅前でポンチョを着た人が笛を吹いていたりしますよね。日本の尺八に似た笛を使って。あの音楽、うちのおじさんが好きで、よく聞いていたりするんですけど、団塊の世代の人たちに人気があるらしいって雑誌の記事に書いてありました。なんでも、反戦の音楽だったとかで。ただ、「商業化されたものだから民族音楽とは言えない」っていう意見も別のところには書いてあって。でも、楽器は独特のものだし、音階も普通の音階じゃないんです。あとは、使っている楽器が自然のもので、葦とか竹とか、動物の甲羅とか爪とか、そういったものを使っているんで、音色が優しいっていうことが書かれている資料もありました。あと、笛に使う筒は、今は葦や竹なんですけど、昔は人骨を使ってたらしいんです。これも面白いなぁと思って、レポートに入れたいんです。あとは、向こうの音楽が日本でリメイクされてるのも面白いなぁと思います。アンデスの人は人種的にも日本人に近いモンゴロイドなので、そのあたりもレポートに入れられたらなぁと思っています。

　面白そうな情報がたくさん見つかったようなのですが、これをどうレポートにしていけばよいかわからない状態になっているわけですね。こうしたときには、KJ法を試してみるとよいでしょう。
　KJ法とは、文化人類学者の川喜田二郎氏がデータをまとめるために考案した手法です。情報を一つひとつ付箋に書き出し、その付箋を自由に動かしてまとめ、グループごとに関係づけていくことで、情報を整理します。「たくさん情報を集めたはいいけれど全くまとまっていかない……」というとき、KJ法は有効です。
　では実際に、先の相談者のもやもやを、KJ法を使って解決してみましょう。まず、現在手に入れた情報を、右のような内容で付箋に書き出していきます。このとき、**一つの付箋には一つの情報だけを書き入れる**ということに注意してください。頭の中だけで考えているよりも、それぞれの要素がはっきりしてくるはずです。

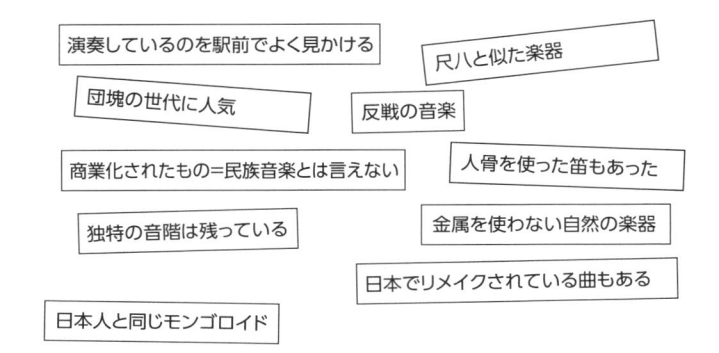

- 演奏しているのを駅前でよく見かける
- 尺八と似た楽器
- 団塊の世代に人気
- 反戦の音楽
- 商業化されたもの＝民族音楽とは言えない
- 人骨を使った笛もあった
- 独特の音階は残っている
- 金属を使わない自然の楽器
- 日本でリメイクされている曲もある
- 日本人と同じモンゴロイド

　次に、これらの付箋をグループでまとめ、論理の関係に並べていきます。このとき、グループとグループの関係を矢印や丸印で示したり、グループをまとめた言葉を追加したり、といった作業を行います。いろいろな形に並べることができますが、今回は次のようにまとめてみました。

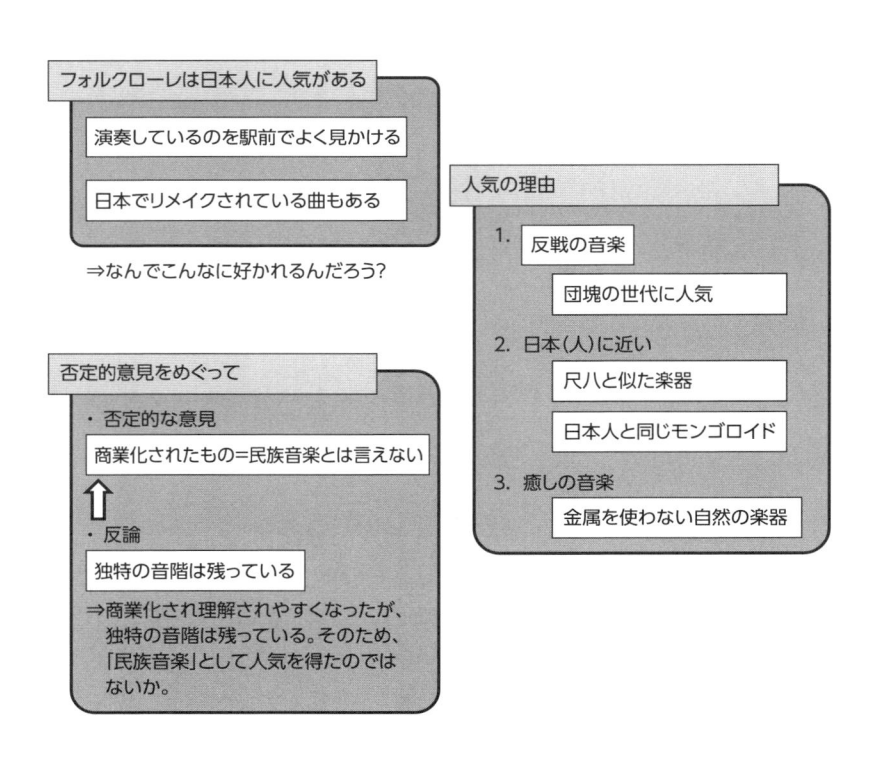

フォルクローレは日本人に人気がある
- 演奏しているのを駅前でよく見かける
- 日本でリメイクされている曲もある

⇒なんでこんなに好かれるんだろう？

人気の理由
1. 反戦の音楽
   - 団塊の世代に人気
2. 日本(人)に近い
   - 尺八と似た楽器
   - 日本人と同じモンゴロイド
3. 癒しの音楽
   - 金属を使わない自然の楽器

否定的意見をめぐって
・否定的な意見
- 商業化されたもの＝民族音楽とは言えない

↑
・反論
- 独特の音階は残っている

⇒商業化され理解されやすくなったが、独特の音階は残っている。そのため、「民族音楽」として人気を得たのではないか。

どうでしょうか。はじめに相談者が話していたことが、すっきりとまとまりました。「フォルクローレは日本人に人気がある」の部分を序論とし、「人気の理由」を本論にして、結論でまとめを行えば、レポートの完成です。なお、今回の議論に「人骨を使った笛もあった」の付箋はうまく活用できなかったので省いています。こちらは脚注に入れてもよいかもしれません。

　このように、KJ法を使うことによって、頭の中だけでは処理できない情報を一つひとつのパーツに分け、実際に視覚的に確認しながら議論を整理していくことが可能です。情報が集まりすぎて処理しきれないというときに活用してみてください。

　なお、ここではKJ法について簡単に扱いましたが、より深く知りたくなった場合には、下記の文献を読んでみてください。

川喜田二郎『発想法──創造性開発のために』中公新書、1967年。
川喜田二郎『KJ法──渾沌をして語らしめる』中央公論社、1986年。

6 資料がうまく見つからない！これって探し方が悪いの？

レポートがどういったものかがわかって、ある程度慣れてきたとき、多くの人が引っかかるのが、「ほしい資料が出てこない」という問題です。これが解決できるようになれば、ほとんどのレポート課題を上手にこなせるようになるでしょう。

どうして資料がうまく見つからないのでしょうか。それは、テーマの設定がうまくできていないからです。

ここではいくつかのパターンに分けて、アドバイスをまとめてみました。自分の状況に応じて活用してください。

（1）資料を探すためのキーワードがわからない？

まず多いのが、テーマがぼんやりとしていて、はっきりとしたキーワードが見つかっていない場合です。資料を探すためにも、その分野についてのある程度の知識が必要です。インターネットでの検索を考えてみてもわかると思うのですが、物事を探すためのキーワードがなければ、検索をかけることはできません。まずは**キーワードを手に入れるために、講義内容を復習すること、そして事典や入門書にあたることが大事**です。

また、そうしたキーワードを使って手に入れた文献から、さらに文献を探すことも可能です。ここでは二つの方法を紹介しましょう。一つは**芋づる式検索法**という方法です。学問的な文献であれば、必ず参考文献が書かれています。そうした文献を一つひとつたどっていくことで、関連度の高い、重要な文献を手に入れることができます。これが芋づる式検索法です。

もう一つは**ブラウジング**と呼ばれる方法です。多くの場合、図書館の書籍は一定のルールに沿って所蔵されているため、同じテーマの本はまとまっておかれています。ということは、テーマに近い本を一冊見つけたら、その本の周りの本に目を通すことで、ほしい情報が手に入る可能

性が高い、ということになります。このとき、本の内容を全部読み通そうとせずに、目次や索引、「はじめに」などにざっと目を通すと、とても効率よく情報を探し出すことができます。このように、実際の書架を訪ねて本を見ていく方法をブラウジングといいます。

　図書館の蔵書検索システムは、本の細かな内容まではカバーできていません。本の中で1章が割かれていれば検索で引っかかることもありますが、節レベルやそれ以下のレベルだと、検索にかからないことがほとんどです。例えば、1920年代のウィスコンシン大学の実験カレッジについて調べようとしたとして、「ウィスコンシン大学」・「実験カレッジ」というキーワードで検索をかけてみても、文献はほとんどヒットしません。この場合、アメリカの教育史や高等教育について扱っている棚（「日本十進分類法（NDC）」の分類番号で言うと「372.53」や「377.253」）を訪ねてみると資料が見つかります。自分の探しているジャンルの本がどこの書架にあるかは、図書館のスタッフに聞いてみるとよいでしょう。

　こうして見つけ出した文献からさらに芋づる式検索法で文献をたどっていくと、重要な文献を見つけることができます。1・2年生のレポートではここまでの調査が必要となることはほとんどありませんが、卒論のレベルだと必要になります。

Webcat Plus を使った情報検索法

　本のタイトルのみで検索をかけていると、大事な資料を見落としてしまう可能性も十分にあります。本のタイトルはテーマそのものではないとしても、その本の中の1章や1節が、自分の探しているテーマと合っている、ということはよくあります。

　そこで有効なのが Webcat Plus（http://webcatplus.nii.ac.jp）です。Webcat Plus は国立情報学研究所が提供する無料の情報サービスで、本のタイトルや目次、要旨をひっくるめて検索してくれます。しかも、**自分の中にある曖昧なキーワードや文章でも検索できる**という強みがあります。

　例えば、「自然が豊かな発展途上国が、開発を進めることでアイデンティティを失うのか」という文章を打ってみましょう。そうするとこの

内容から連想される本が出てきます。

　連想検索で関連度が深いと判定されたものから順に表示されますので、気になった本をクリックしてみましょう。本の詳細が表示されます。そこで「こんな感じの内容がほしかったんだ」となったら、その本を探しに行ってもいいのですが、もう一段階踏み込んで資料を探してみましょう。**「この本と繋がる本を検索」**ボタンをクリックしてみます。そうすると、選択した本の情報をもとに、そこから連想検索が行われます。

　こうして調べているうちに、**自分の頭にはなかったキーワードを発見することができます**。連想検索で表示された本のタイトルや詳細に出てきたキーワードがそれです。例えば今回は新たに「観光」や「文化観光論」といったキーワードが手に入ります。「発展途上国のアイデンティティ」という言葉だとなかなか資料が出てこないのですが、「観光」であれば資料が多く出てきます。キーワードによって情報の得やすさは異なります。情報を得やすいキーワードを手に入れるのにも、Webcat Plus は有効です。

74

雑誌論文（雑誌記事）を探す

　こうして手に入れたキーワードをもとに図書館の蔵書検索を行えば、関連性の高い情報を手に入れることができるでしょう。しかし、場合によっては図書だけでは情報がうまく集まらないこともあります。そうしたときには、雑誌論文（雑誌記事）を検索してみましょう。雑誌論文から、より新しい研究や切り口の違う研究を見つけることができるかもしれません。

　日本で出版された雑誌論文を探すのには、国立情報学研究所が提供しているCiNii Articles（http://ci.nii.ac.jp/）というデータベースが便利です。1,600万件以上の論文データが登録されており、キーワードを入力することで、タイトル、著者名、収録誌情報などから論文を探すことができます。

　ここでは、インターネット上で本文を読むことのできる論文に絞って検索することも可能ですが、そうした論文はまだ一部であるため、まずはCiNii Articles全体を検索してみてください。雑誌の探し方がわからなければ、図書館スタッフの方に聞いてみるとよいでしょう。

CiNii Articles の検索画面

そのほか資料検索について詳しく知りたいときには、本書の姉妹書である『資料検索入門——レポート・論文を書くために』（市古みどり編著、2014年）も参照してみてください。

ポイント

テーマ設定のためのキーワードを集めるためには
・講義内容を復習したり、事典や入門書を読んだりする
・芋づる式検索法やブラウジング、Webcat Plus などを使って新たな資料を手に入れる

コラム：芋づる式検索法の落とし穴

　芋づる式検索法は、その分野の有力な先行研究を探し出すのに便利な検索方法です。芋づる式検索法を使わずに卒業論文を書き上げることは、おそらく不可能でしょう。それくらいに有用度の高い検索法です。

　しかし、この方法にも欠点があります。それは、①その文献よりも古い文献しか調べられない、②特定の主張に偏った文献しか集まらない場合がある、という点です。特に②については注意してください。良質な研究書であれば、筆者の立場に反対の立場も取り上げて論じています。しかし、中には自分と対立する立場の論調が意図的に排除されていることもあります。そうした文献に頼ると、フェアな議論ができなくなってしまいます。芋づる式検索法は便利な方法ですが、欠点も意識して活用してください。

(2) テーマや資料を限定しすぎ?

テーマが曖昧だったり広すぎたりすると、資料収集はうまくいきません。かといって、テーマを限定しすぎてもうまくいかない場合があります。そんな場合の対処法を二つ紹介しましょう。

視野を拡げてみる

あるテーマや調査対象が面白いと思って調べてみたのに、なかなか資料が集まらない、ということはよくあります。そんなときには、小さな対象にこだわってそれだけを調べようとするのではなくて、それに注目した自分自身の問題意識を考え直してみることも大切です。次の相談例を考えてみましょう。資料が見つからずに困っている例です。

＜例１＞ 「問い」が狭すぎて資料が出てこない

> 「ニウエ」っていう国についてのデータがほしいんですが、調べたんですけど全然出てこなくて困っているんです。ニウエは太平洋にある島国です。テレビで見たんですが、サンゴ礁や鍾乳洞がきれいで、観光に力を入れようとしているみたいなんです。ただ、開発にも力を入れようとしているみたいで、それがうまくいくのかなぁと思って。
> 　授業では日本のことについてやっていたんですけど、発展していくにつれてみんな同じような町並みになっていく、ってことを聞いたんですね。ある程度栄えている町に行けば、同じようなファーストフード店と喫茶店とコンビニが並んでるような。で、それとニウエを結びつけて考えると、観光と開発とはもしかしたら矛盾するんじゃないかって思ったんです。開発していくと、ニウエのアイデンティティがなくなってしまうんじゃないかって。ただ、さっきも言ったみたいに本当にニウエの資料が出てこなくて……

この相談例では、レポートの問いは設定されています。しかし、対象があまりに狭すぎて資料が見つからない状況にあるようです。**小さな調査対象だけにこだわっていると、資料が出てこなくて先に進めない**とい

うことがあります。今回はまさにそのパターンです。

　ニウエが面白そうだけれど、ニウエでは資料が出てこない。どうすればいいでしょうか。この相談例ではニウエという小さな調査対象については見えているわけです。では、**大きな関心・テーマは何でしょうか。なぜ、ニウエについての資料がほしいのでしょうか**。今回は、「開発すること」と「自国のアイデンティティ」の関係を探ることが、大きな関心としてありそうです。そうすると、「ニウエ」に固執することもないのではないでしょうか。例えば、「島国」や「発展途上国」という括りで見てみることができます。そうすればぐっと資料も見つかりやすくなります。もしかしたら「ニウエ」以外にちょうどいい国が見つかるかもしれません。資料が見つからなかったときには、対象を限定しすぎている可能性を考えてみてください。そして、**「なぜその資料がほしいのか」を考えてより大きな関心をはっきりさせ、その関心に沿ってもう一度資料を探してみる**ことが大事です。

ポイント
基本的な情報すらあまり手に入らないときには、 ・資料が手に入るところまで視野を拡げてみる ・自分の関心をはっきりさせて、関心に沿って資料を探し直す

別の角度から議論を考え直す

　先ほどの例は基本的な情報を集めるところでつまずいていました。スタート地点付近でストップするとやる気がそがれて大変だろうと思います。しかし、レポート完成目前でストップした場合の苦しみや焦りも大変なものです。アウトラインはしっかりできて、あとは自分の「答え」を支える資料が見つかればいいのに、それが見つからない。そうなると焦りそうですね。例えば次のような場合、どうしたらよいでしょうか。

＜例2＞　自分の「問い」や「答え」にこだわりすぎて資料が出てこない

> 　日本と海外の、美術館・博物館の利用者数の統計資料がほしいんですが、なかなか出てきません。できれば日本の方が少ないという結果がほしいんですが。
> 　今回私は、「日本は海外に比べて美術館や博物館を有効に活用できていない」ということを論証したいと思っています。日本の利用者数と海外の利用者数を調べて、日本の方が少ないことがわかればそれが論証できるので、資料が出てくればこのレポート課題は終わるんです。ただ、本当に見つからないので、どうしようかと。

　今回は「問い＋答え＋答えを導く議論」がはっきりと設定できています。しかし、議論がはっきりしているからこそ、資料が出てこなくて立ち往生してしまっているわけですね。こうした場合には、**別の角度から議論を考え直す**ことも一つの方法です。自分の考えた「答え」を導くための別のルートの議論がないか考えるわけです。

　今回の例では、「美術館や博物館を有効に活用する」とはどういうことかを考えてみるとよいでしょう。実際に、海外における美術館や博物館のはたらきを調べてみると、日本ではあまり見られない取り組みを知ることができるはずです。例えば、美術作品に触れて体感する展示や、子どもがその場で作った作品の展示が海外で行われていることを取り上げて、日本に比べて活用の幅が広いと主張することができるでしょう。

　統計資料など、数字で表すことのできるデータを量的データと呼ぶことがありますが、客観的に物事を示そうとするとどうしても量的データに頼りたくなります。数字で示してしまえば簡単ですから。しかし、都合よく統計資料が出てくるとは限りません。その場合、**量的データだけではなく、質的データで論証する**ことも考えてみてください。質的データとは、数字ではなく言葉で表されたデータです。上の例では事例の紹介が質的データにあたります。質的データも理由を支える根拠になりますので、上手に使ってください。

　さて、このように見てくると、資料探しは単に客観的根拠としての参

第1部　基礎編　　79

考文献を探すことだけではないということがわかると思います。「問い」や「答え」から資料探しに向かうだけでなく、逆に資料探しからレポートの問いを明確化したり、資料から新たな問いを探し当てたりもできます。また、資料が十分に手に入らないという制約から、対象を狭めたり拡げたり、問いを修正したりすることもあるわけです。

ポイント

自分の議論を支えるのにふさわしい資料が見つからないときには、
・「答え」を導く別のルートを考えてみる
・量的データだけでなく、質的データを探してみる

---

(3) どうしても見つからない

先の二つを試してもどうにもならない場合や、時間がなくてそんな余裕がない場合のとっておきの方法をお教えしましょう。それは、**他人に聞くこと**です。先生でも、先輩でも同級生でもかまいません。図書館や学習支援センターには専門スタッフもいるでしょうから、そういった方に聞いてみるのもいいでしょう。多くの図書館にはレファレンスカウンターがあり、情報検索の専門家に助言を求めることができます。

こうしたアドバイスをすると、「自分の勉強なんだから、人に聞いたらダメじゃないの？」と思って人に聞くのをためらう人も多いようですが、それは違います。もちろん「とにかく周りの人に手伝ってもらう」という態度ではまずいでしょう。しかし、「一人でなんでもやらなきゃいけない」というのも間違いです。**周りの助けを借りつつ、その中のいくつかを、自分でできるようにしていければ、それで問題ありません。**

このときのポイントは、**探してもらうだけでなく、探し方を教わること**です。単に一度きりのものとして情報を検索してもらうのではなく、その人がどのように情報を検索しているのかを見ながら、あるいは教えてもらいながら、その方法を自分のものとするわけです。どんな調べ方があるのかを知り、その調べ方を身につければ、情報収集の効率は格段に

向上します。こういった調べ方を書籍から身につけるのも有効な手立てですが、文章では説明しにくい、ここには書ききれないコツもたくさんあります。そうしたコツも、直に人に聞くことで学ぶことができます。効率的に進めるためにも、泥沼にハマらないためにも、自分の成長のためにも、人に助けを求めることはとても重要です。思い切って言うなら、「本でコツを全部知ろうとしないで聞きに行け！」というアドバイスをしたいなと思います。

> **ポイント**
> ・資料検索の際、専門スタッフや周囲の人を頼るのはとても有効
> ・検索してもらうときに検索の方法を教えてもらうと次につながる

（4）その他の検索テクニック

　GoogleやYahoo!などのインターネットの検索エンジンは非常に便利ですが、個人のブログや掲示板など、信頼性に欠ける情報まで表示されてしまうという欠点があります。とはいえ、インターネット上には信頼性の高い情報もたくさんありますし、全く使わないのももったいないことです。ここではそれらの情報を効率よく収集する方法を紹介します。

政府機関のwebサイトを調べる

　インターネット上の情報として信頼できるものの第一は、行政機関のウェブサイトでしょう。文部科学省や厚生労働省、東京都や八王子市といったウェブサイトがあります。こうしたウェブサイトのトップページから資料を探すのもよいのですが、ドメインを活用すると効率よく探すことができます。ドメインとはインターネットURLの末尾にある「.com」や「.co.jp」のコードのことです。これらは機関ごとに種類が違っていて、商業組織であれば「.com」や「.co.jp」、教育機関は「.ac.jp」、政府機関は「.go.jp」、地方公共団体は「.lg.jp」といった形で割り振られています。これを活用し、検索したいキーワードに加えて

「.go.jp」や「.lg.jp」を入れると、行政機関のウェブサイトに絞って検索をかけることができます。例えば、子育てに関する政策について調べたいときには、「子育て.go.jp」や「子育て.lg.jp」と入れて調べてみるとよいでしょう。この例ですと、内閣府や各地方公共団体のウェブサイトがヒットします。

PDFファイルに絞って探す

　数ある文書ファイル形式の中で最も信頼性が高いといわれるのがPDFファイルです。インターネット上で公開されている雑誌論文や公的な文書はほとんどがPDFファイルの形です。PDFファイルは改ざんしにくいため、こうした文書の形式として用いられています。

　PDFファイルだけを探すためには、検索したいキーワードに加えて「filetype:pdf」と入力します。これで検索をかけると、PDFファイルだけが結果に表れます。例えば「子育て filetype:pdf」で検索をかけると、「子育て」という言葉を含むPDFファイルが検索できます。

　ただし気をつけないといけないのは、PDFファイルであれば全て信頼できるわけではないということです。検索で出てきたファイルは、それが誰によって（どんな団体によって）いつ作られたものなのかを確認しておくことが重要です。誰が書いたものなのかわからない情報は信頼できませんし、書かれた時期がわからなければその資料が最新のものなのかどうかがわかりません。見つけた文書のタイトルで改めて検索を行うなどして、そのファイルの元の情報を確かめるとよいでしょう。

ポイント

ほしい情報に合わせて検索キーワードを組み合わせる
・政府系の資料を手に入れたいなら「.go.jp」や「.lg.jp」
・PDFファイルの資料を手に入れたいなら、「filetype:pdf」

第2部

発展編

大学での学び方と、高校までの学び方とは大きく異なっています。大学では高校までよりもはるかに学生の自由が尊重されます。そしてその分、自分で前に進んでいかなければ、全く成長せずに時間だけが過ぎてしまう、ということもあります。

　では、やる気があればその分前に進めるかというと、実はそうでもありません。大学というのは不思議な所で、自分の提出した課題が良い出来なのかそうでないのかを知る機会が極端に限られています。頑張って書いたレポートがC評価だったとして、それがなぜなのか教えてもらう機会がなかなかないわけです。最近ではフィードバックの重要性が認められてきましたが、それでも全てのレポートに対してフィードバックが行われているわけではありません。

　レポートの書き方は何となくわかったけれど、実際に書いてみるとうまくいかない。こんなことはよくあります。むしろ、ほとんどの人がこの段階を経験するはずです。そこからどう立ち直っていくかがとても重要なのですが、「理想的な立ち直り方」を本から学ぶのは難しいかもしれません。全ての人に共通の立ち直り方というものは存在しないからです。かといって、「自分の失敗から学べ」だけでは不親切だろうとも思います。

　そこで第2部前半では、これまでの学習相談の経験から、大学での学びに関する様々な壁を乗り越える知恵をアドバイスしていきます。他人の工夫や失敗例というのは意外と聞けるものではありません。しかしそこには役に立つたくさんのポイントが潜んでいます。ぜひ参考にしてみてください。

　また、第2部の後半では、レポートの書き方を基本としながら、それを応用した書評レポートやプレゼンの方法についても触れておこうと思います。これまで学んできたレポートの書き方を基本として、大学での様々な活動に挑戦できるよう、アドバイスしていきます。

1 ノートの取り方・活用の仕方

　第1部では、レポートの書き方の基礎について説明を行ってきましたが、一つ大事な点が欠けています。それは、ノートです。意外かもしれませんが、ノートの取り方はレポートに取り組む際に非常に重要になってきます。多くのレポート課題には「講義内容を踏まえて」といった条件がついていますし、ノートに書かれたキーワードから資料検索に進むこともできるでしょう。また、重要なポイントをノートから取り出して、KJ法でまとめ直すことも可能です。ノートがしっかりと取れていれば、レポートはさらに取り組みやすくなるでしょう。

　さらに、レポートへの準備だけでなく、社会生活への応用ということを考えても、ノートの取り方を考えることは必要なことです。社会に出れば板書つきで懇切丁寧に教えてくれる上司なんてほとんどいません。自分からノートを取る、メモを取る、ということの重要度はさらに増していくでしょう。慣れないうちは大変かもしれませんが、これからは自分の力でノートを作りあげていかなければなりません。

　そこで本章では、ノートの取り方について見ていきたいと思います。重要なのは、**外部から入ってきた情報を能動的に整理する力**です。この力を身に付けるためにはどうすればよいでしょうか。

(1)「脱・板書丸写し」の心構え

　多くの人は小学校から高校までの授業、そして塾や予備校の学習の中で、板書されたらそれを写すという態度ができあがってしまっています。「一字一句丁寧に板書してくれる先生、それを懸命に書き写す自分、そして自然とできあがる完璧なノート」。こうした受動的な態度をそのまま大学の講義に持ち込んでしまうと、どうなるでしょうか。かつては次のような光景が頻繁に見られたと言います。

> 　初めての講義は数百人規模の教室で、先生の後ろには高校時代の5倍はありそうな巨大な黒板。いったいどれだけ板書されるんだろうと思っていると、先生はひたすらに話すだけで、黒板はほとんど使わない。単語の綴りを書いたり、漢字を書いたりするだけ。講義の内容は後でまとめて板書されるのかと思いきや、結局いくつかのキーワードが板書されただけで講義は終了。しかたなくそれらのキーワードをノートに書きとめるものの、講義内容はさっぱり思い出せない……。

　まだ大学に入学していない人は、本当にこんなことがあり得たのかと不思議に思うかもしれません。しかし、こうしたことは実際にありました。むしろ大学生の中には「これって今のことじゃないの？」と思う人もいるかもしれませんね。それくらい、かつての大学ではありふれたことで、今でもその光景は残っています。

　こうした講義では、全くノートが取れない人もいるでしょう。「何が大事なのか先生がはっきり言ってくれないから、自信がなくてノートが取れない」というわけです。こういった人は今までの学校の授業を真剣に聞いてきたのだと思います。それは悪いことではありません。しかし、高校までの「正しいこと・大事なことが記された板書」に慣れてしまうと、ノートが全く取れなくなったり、自分でポイントをつかむことに抵抗があったりするわけです。

　この受動的な習慣をどうにかして変えていかないと、大学での学びはうまくいきません。求められるのは、黒板やスクリーンに書かれていることをそのまま写すことではなく、**話の中から要点や興味のある点を抜き出し、ノートにまとめていき、自分で情報を整理すること**なのです。

　その結果できあがるノートは人それぞれ違うものになるでしょうが、そこに正解はありません。最初の数回は戸惑うでしょうし、ポイントを押さえることも難しいかもしれませんが、試行錯誤の中で、必ず自分なりのノートにたどりつけるはずです。

　そうすると、ノートを取る際の基本的な心構えは決まってきます。それは、**「美しいノート」や「完璧なノート」を作ろうとしない**ことです。

もちろん、後で読み返して文字が読みとれないというのは問題外なのですが、丁寧に書こうとして講義についていけないというのでは本末転倒です。はじめのうちは「ノートを取る」、というよりも「メモを取る」、と考えていた方がよいかもしれません。自分なりのルールにのっとった記号を活用して、大事なポイントをすばやく書きとめていきましょう。講義を聞き、ポイントを押さえることが第一なのであって、「美しいノート」を作ることは求められていないのです。

　もちろん、何の資料もなしに一方的に話すだけの講義は少数派でしょう。多くの場合はパワーポイントのスライドが投影されたり、資料が配られたりします。しかし、スライドや資料は講義のための補助ツールであって、講義そのものではありません。資料が配られていたとしても、重要だと思われるところに線を引く、対比されているものに印をつける、など、自分でよりよいノートにしていく、ということが重要です。**先生が提示したものが「完成品」ではない**ということです。自分にとって使いやすいものにするために、どんどん書き込んでいくべきです。

　このように学生の側にノートを取る力が求められているのは今も昔も変わりません。積極的に話を聞き、情報を選別してノートを取るという技術はどのような講義形態であっても求められています。高校までの受動的なノートテイキングから、能動的なノートテイキングへ。少しずつ歩を進めていきましょう。

ポイント

・完璧なノート、美しいノートを作ろうとしてはいけない
・配付された資料で安心せずに、そこに説明を加えること

---

(2) ノートテイキングのコツ

　では、実際にノートテイキングのコツを、講義前、講義中、講義後の三つに分けて見ていきましょう。

講義前の準備

まず、講義が始まる前にしておくべき準備があります。それは、**どんな内容を聞き取るか考えておく**、ということです。

難しい内容の講義だと、どこが重要なのかわかりにくいこともあります。そうしたとき、例えば「今回は自由論の歴史について、代表人物を紹介しながら説明する」という事前理解があれば、「それぞれの違いがわかるように書けばよさそうだ」という心構えができます。

そこで大事なのが、講義前の準備です。「結局、予習が重要だってことですか」と思う人もいるかもしれません。もちろん最も望ましいのは教科書や事前に公開されている講義用の資料に目を通しておいて、そこでわからなかった点を講義で理解しようとすることです。しかし、それではハードルが高くて、長続きしないこともあるでしょう。まずは、教室に着いてから先生が到着するまでの5～10分の間に、できる範囲でよいので、目を通しておくのがよいでしょう。そうした準備ができない場合には、当日の先生のイントロダクションを聞き漏らさないようにすることが大事です。導入部分で簡単なまとめがなされることもあります。

また、準備としてもう一つ、**日付とその日のタイトルを書く**ことも大事です。これは高校までのノートと同じですね。大学の講義ではタイトルは明示されないこともありますが、シラバスに載っていることもありますので、確認しておきましょう。**ルーズリーフや読書カードを用いる場合には、担当者名と科目名も書いておく**のがよいでしょう。「担当者名まで必要？」と言われるかもしれません。しかし、不意にリアクションペーパー（授業内小レポート）が求められたとき、担当教員の名前がわからないと慌てます。しっかり書いておいた方がよいでしょう。

ポイント

講義前の準備として、
・シラバス等を見てその日の内容を確認しておく
・日付・タイトル（・担当者名・科目名）を書いておく

書くべきことを見極める

　さて、いよいよ講義の中でノートを取っていきます。まずはどんな内容をノートに書いておけばいいのかということについて説明しましょう。

　いざ講義が始まったとして、何をノートに取りましょうか。慣れていない人はここで手が止まってしまうかもしれません。しかしここで先ほどの予習が生きてきます。その日のタイトルや内容があらかじめ確認できていると、**その日のキーワードとなっている言葉の説明を中心にノートをまとめていく**ことができます。具体的な事例や、専門的な言葉の解説があれば、それらは優先度の高いものだといえるでしょう。

　また、**強調のサインを見逃さない**ことも重要なポイントです。「つまり」などの言い換えや要約の言葉が出れば、それは講義内の重要なポイントの可能性が高いといえます。いろいろな具体例を出した後、「つまり、これは●●ということ」といった形で**まとめの説明**があれば、その●●はまずノートに取るべきものでしょう。また、「一般的にはこう言われているけれど最近の研究では」とか、「日本ではこうだけどイギリスでは」といった**対比**も重要なポイントです。他のものと比べることで、その日のテーマを際立たせようとしているわけです。さらにこうした中で**繰り返し使われる言葉**もキーワードとして押さえておきましょう。

　その他、講義独特のポイントでいえば、話し方があります。重要なポイントでは、話のスピードが落ち、声が大きくなることが多いので、こういった強調のサインも見逃さないようにしていきましょう。

時間を上手に使う

　逆に、ノートに書かなくてもいいこともあります。ここでまず重要なのは、**後で調べればすむものは簡単なメモですませる**ということです。例えば、細かな数字の入った表がパワーポイントで提示されたとします。それをそのまま写そうとすると、大抵時間切れとなります。こうした場合は、先生がその表を引用して何を伝えたかったのかを考えることが大事です。「この表を見てみると、●●が●％、○○が○％となっていて、先進国は☆☆の割合が高いことがわかります」という説明であれば、「先

第 2 部　発展編　　89

進国ほど☆☆の割合が高い」という部分だけ抜き出せれば十分です。また、難しい漢字やスペルがわからない英語も多く登場するでしょう。これらはカタカナ等で代用しておいて、後で調べて補完すれば問題ありません。「教科書●ページにあるように」というときには「p. ●」と書いておけば、それで十分です。教科書に書いてあることをわざわざ講義中にノートに書くことはありません。

　それから、印や記号に自分なりのルールを設けて、論理関係の明確化や時間の省略に役立てるテクニックもあります。例えば、あるキーワードの定義が紹介されれば、「●● ＝ ○○○○○」と「＝」を使ったり、言い換えであるならば「≒」を使ったり、文章同士が対比関係にあるならば「←→」を使ったり、また事例には「e.g.」を、参照には「cf.」を使ったりするとよいでしょう。

　それ以外にも、**省略できる言葉は省略して、書くのにかける時間は短くしていく**のがポイントです。講義はどんどん進んでいってしまうので、効率よく書くことが必要となってくるわけです。講義内でノートを完成させようとしてかえって講義を聞くのがおろそかになる、というのは避けたいところです。

ノートの使い方

　次に、ノートの使い方を考えてみましょう。ここでは特に、ノートの余白と、色ペンの使い分けを考えてみます。聞いたことがある人も多いかもしれませんが、**ノートはぎゅうぎゅう詰めにしない**ことが大事です。一通り書いた後で先生が補足説明をすることもありますし、講義後に自分で調べたことを書き足すということもあります。ノートの余白は高校までのノートよりも広めにとっておくのがよいでしょう。

　また、色ペンについてですが、こちらも数色をうまく分けて使ってください。それくらい今までもやっている、という人がほとんどだと思うのですが、特に重要なのは、**講義の内容と自分の感想・意見・疑問とを切り分ける**ということです。ノートテイキングに慣れてきたら、講義の最中に自分の意見も書いていけるようにしていきます。しかし、この区

分がうまくできていないと、ノートに書かれたことが先生の発言なのか自分の考えなのか見分けられなくなります。自分の意見や疑問は緑色で書く、などのルールを作っていくとよいでしょう。色ペンを使いたくない人は、あらかじめノートを分割して、意見・疑問用のスペースを作っておくのも一つの手です。

　また、**内容が不確かな場合にも、わかりやすく印をつけておく**のがよいでしょう。付箋を貼っておくのも効果的な方法です。こうすることで、講義後に先生に質問したり、自分で調べたり、友達に聞いたりということがしやすくなります。

ポイント

講義中には、
- 強調のサイン（くり返し、対比、話し方）を見逃さない
- 書かなくてもよいことは書かない、省略できることは省略する
- ノートは余白を多めにとっておく
- 講義内容そのものと自分の意見・疑問とを区別する
  （色ペンや印で見分ける、あらかじめノートを二分割しておく等）

講義後にすべきこと

　無事講義が終わり、ノートを取ることができたわけですが、それでノートが完成、というわけではありません。講義後の作業を充実させてこそ、ノートは生きてきます。

　まずは**講義中に出てきた不明点を解決しておきましょう**。どんなところが不明だったかということは、印をつけていればすぐに振り返れるはずです。放っておかずに、早めに解決しておきましょう。なお、講義後にノートを清書していく人もしばしば見かけますが、これはあまりおすすめしません。きれいなノートを作りたいという気持ちはわかるのですが、そのノートを作りあげるよりは、わからない言葉を調べ直したり、レポート課題への準備を進めたりする方が時間を効率よく使えます。

さて、ノートの不明点をなくしたわけですが、ここにさらに「復習」が加わると最高です。しかし、単に「復習」と言われても何をどうすればよいのかわからないのではないでしょうか。また、そこまでの時間を取ることはできないということもあるかもしれません。そこで、おすすめの方法を一つ紹介します。それは、**ノートを友達と見せ合う**ことです。

　こう書くと驚く人もいるかもしれません。いろいろなところで「ノートは自分のためのもの」と言われていますから。もちろん、自分で書いたノートですから自分が一番わかるのは当然ですし、試験の直前になって他人のノートを慌ててコピーしても得るものはないでしょう。しかし、ノートが自分だけの秘密のように扱われるのもおかしなことです。「完璧なノート」はありませんが、他人のノートと比べながら「よりよいノート」にしていくことは可能です。

　講義が終わった後、友達とノートを見せ合いながら、講義内容について確認していけば、とても楽に、苦労が少なく学べます。他人に対して説明することで「わかったつもりになっていたけれど実はわかっていなかった」という点をあぶりだすことができます。テスト前にはこの方法がとても役に立ちます。時間がないときには、次の週、先生が来るまでの間に「前回何やったっけ？」と話し合うだけでも理解度は違うでしょう。また、短い時間で要点を説明する訓練にもなります。ノートのとり方について自分とは違う工夫を見つけた場合、それを取り入れることもできるでしょう。講義内容について自分と違うところに興味を持っているのを見かけたら、自分とは違うものの見方を知ることができますし、レポートの種にもなります。

ポイント

ノートを取った後は、
・講義中に出てきた不明点を確認しておく
・復習する（ノートの見せ合いができればなおよし）

（3）ノートの例

　さて、それでは実際にノートを見ながら、ポイントを確認していきましょう。

　ノートに「絶対」はありません。人それぞれ、理解しやすいノートは違っているはずですし、ここで紹介するのもあくまで例です。ただ、他人の工夫を自分のノートに取り入れることはできます。ここで紹介するノートの例を「工夫集」として、自分のノートをより良いものにしていってください。

パワーポイントなしの講義

　特に板書も行われず、先生の言葉に耳を傾ける。かつては最もスタンダードな講義でした。手がかりがないのでノートを取ろうとした場合、最も難しいパターンです。

　資料が配られることも多いので、配られた資料にメモするだけ、という人も見かけます。しかし、講義全体の流れを追えるようなノートがある方が、学習には効果的です。配布資料とのつながりがわかるような形でノートを取っておくとよいでしょう。

　ノートは話に沿って書きとめることが基本ですが、上から下へ、左から右へノートを書き進めなければならないということでもありません。先生が言い忘れたことを後で付け加えることもありますし、自分でノートを取っている途中で前のことがらとのつながりが見えることもあるでしょう。そのため、ある程度の余裕を持たせながらノートを取っていくのがよいでしょう。

　では、例を見てみましょう。

＜ノートの例＞

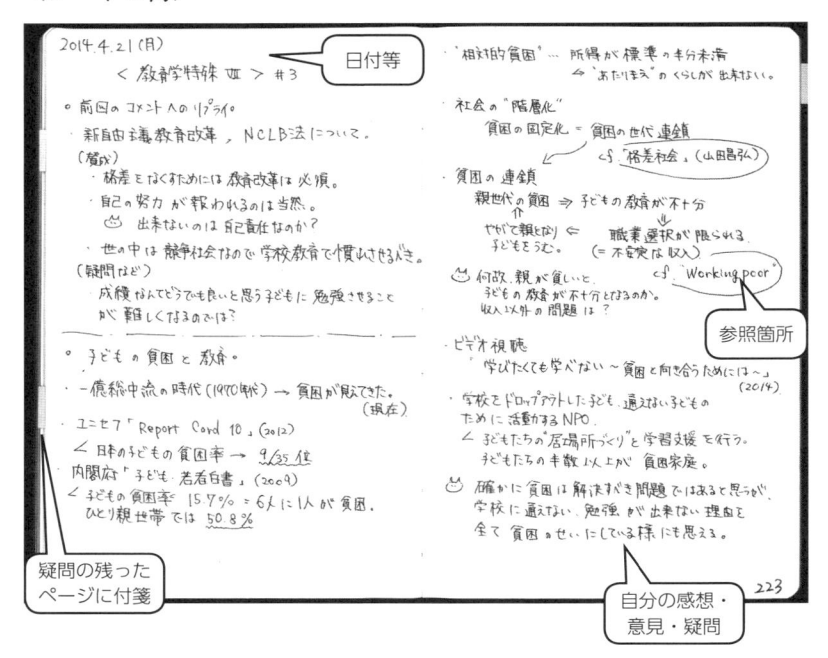

（ノート画像：手書きの講義ノート。以下、主な記載内容の書き起こし）

2014.4.21（月）
＜教育学特殊Ⅶ＞ #3　　［日付等］

○ 前回のコメントへのリプライ。
・新自由主義教育改革、NCLB法について。
（賛成）
　・格差をなくすためには教育改革は必須。
　・自己の努力が報われるのは当然。
　　☺ 出来ないのは自己責任なのか？
　・世の中は競争社会なので学校教育で慣れさせるべき。
（疑問など）
　・成績なんてどうでも良いと思う子どもに勉強させることが難しくなるのでは？

○ 子どもの貧困と教育。
・一億総中流の時代（1970年代）→ 貧困が見えてきた。
　　　　　　　　　　　　　　　　　　（現在）
・ユニセフ「Report Card 10」（2012）
　∠日本の子どもの貧困率＝9/35位
・内閣府「子ども・若者白書」（2009）
　∠子どもの貧困率 15.7％ ≒ 6人に1人が貧困。
　　ひとり親世帯では 50.8％

・"相対的貧困"…所得が標準の半分未満
　　　　　　　　"あたりまえ"のくらしが出来ない。
・社会の"階層化"
　貧困の固定化＝貧困の世代連鎖
　　　　　　　　　cf.「格差社会」（山田昌弘）
・貧困の連鎖
　親世代の貧困 ⇒ 子どもの教育が不十分
　　　　　　　　　やがて親となり　　職業選択が限られる
　　　　　　　　　子どもをうむ。　　（＝不安定な収入）
　☺ 何故、親が貧しいと、　　cf. Working poor　［参照箇所］
　　子どもの教育が不十分となるのか。
　　収入以外の問題は？
・ビデオ視聴
　"学びたくても学べない～貧困と向き合うためには～"
　　　　　　　　　　　　　　　　　　　　（2014）
・学校をドロップアウトした子ども、通えない子どものために活動するNPO。
　∠子どもたちの居場所づくりと学習支援を行う。
　　子どもたちの半数以上が貧困家庭。
　☺ 確かに貧困は解決すべき問題ではあると思うが、学校に通えない、勉強が出来ない理由を全て貧困のせいにしている様にも思える。

223

［疑問の残ったページに付箋］
［自分の感想・意見・疑問］

　このノートは、講義で言われたこと全てを書くのではなく、適度にまとめています。その他、自分なりのルールを決めて工夫をしているようです。次のような工夫が見られます。

・ノートの頭に日付と科目名・回数を書く
　　回数が重ねられているので担当者名は書かれていないようですが、それでも日付と科目名を書くことは基本中の基本です。

・細かなデータは全てメモするのでなく、タイトルと結果だけを書く
　　子どもの貧困に関するグラフと表が、書画カメラを使ってスクリーンに投影されていたようなのですが、それをそのまま書き写すということはしていません。そのグラフ・表を使って先生が説明しようとしたポイントだけを書きとめています。

・文献情報は正確にメモする

　　　統計の内容は簡単なメモですませていますが、「子ども・若者白書」というタイトルは略さず書いています。他の文献についても、タイトルを正確に書いています。本のタイトルは一語間違えただけでも検索でヒットしなくなってしまうので、丁寧に書きとめる必要があります。

・参照する情報には「cf.」という印をつける

　　　「cf.」というのは頻繁に使われる略語で、「参照」や「比較」といった意味です。その他、「例」を表す略語として「e.g.」や「ex.」、「〜など」を表す略語として「etc.」などがあります。状況に応じて使い分けられるとよいですね。

・授業内容と自分の感想を分ける

　　　この例では1色のペンで全てのノートが取られています。しかし、それでも自分の感想ははっきりと書き分けています。3箇所の☺マークを見てください。ノートを取った本人によると、これは授業への感想を書いたところだそうです。色ペンを使うかどうかは好みの問題ですが、色ペンを使わない場合にも、こういった形で自分の意見を講義内容から区別するのは大事なことです。

・ルーズリーフを使わずに1冊のノートにまとめ、後で確認したいところには付箋を貼り付ける

　　　この図だけではわかりませんが、このノートの一番の特徴は、1冊のノートに全ての科目のノートをまとめているという点です。科目毎のつながりが見づらくなるという欠点はありますが、ノートが散逸しにくい、曜日ごとに持ち物を変えなくてよい、時系列でまとめられているので記憶を辿りやすい、といった利点もあります。後で確認したいところに付箋を貼り付けることで、復習しやすくしているのもポイントです。

パワーポイントありの講義（スライド配布あり）

　パワーポイント主体の講義で、そのスライドが資料として配布される場合、ノートを取るのを忘れてしまいがちです。配布資料がある分、話を聞くことに集中できますが、その分注意も必要です。意識しておくべきは、**パワーポイントはあくまで講義の補助資料**だということです。配付資料に説明が書かれていたとしても、それが自分にとってわかりやすいものだとは限りません。**配布資料には自分なりの説明を書き加えておく**とよいでしょう。自分なりの言葉に言い換えるのは、内容を理解し、整理するために必要です。パワーポイントの配付資料には余白が多めにとられていますので、そこを有効活用してみてください。

　また、**スライド同士の関係を考えることも重要**です。パワーポイントのスライドは1枚1枚独立しているように見えますが、講義全体としてはつながっていますし、それぞれに関係があります。これをバラバラの情報として理解してしまうと、講義全体でどんなことが言われていたのか、わかりにくくなってしまいます。そうするとレポートのための「問い」は出しにくくなりますし、試験もなかなかうまくいかないでしょう。スライドをまたいで言葉と言葉を矢印でつないだり、スライドとスライドの関係を書き込んだりしていくと、後から見たときに講義の全体像を思い出しやすくなります。あるスライドで説明された図や言葉を前提に後ろのスライドの説明が進んでいるというときには、図や言葉を後ろのスライドに書き写してもよいでしょう。

　最後にもう一つ。パワーポイントはカラーで投影されますが、配布資料は白黒のことがほとんどです。図や写真がつぶれていることもあります。色や図に関する情報で、配布資料では欠けてしまったものを補足しておくというのも、意外と重要なことです。

　では、例を見てみましょう。今度は表示されたパワーポイントの例と、配布資料にメモをした例とを載せておきます。

＜パワーポイントの例＞

スライド1：検索のステップ
①自分が興味のあるテーマを文章で書く
例）アメリカと日本の学校教育制度の違い

②文章からキーワードとなる単語を抜き出す
例）アメリカ　日本　学校　教育制度
＊キーワードの言い換えや類似した概念の言葉も考える

③選択したキーワードを利用して検索式を立てる
例）（アメリカ　OR　米国）　AND　学校教育

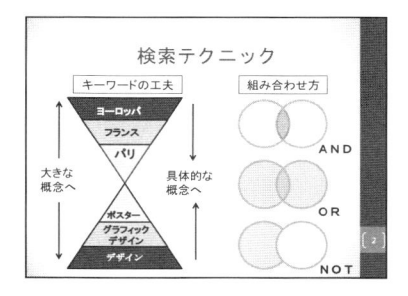

スライド2：検索テクニック
キーワードの工夫：ヨーロッパ／フランス／パリ／ポスターグラフィックデザイン／デザイン（大きな概念へ ↕ 具体的な概念へ）
組み合わせ方：AND／OR／NOT

スライド3：キーワードの工夫
・同一（言い換え）：高層建築　ビルディング　ビル
・表記：まちづくり　町づくり　街づくり　街作り
　　　　バイオリン　ヴァイオリン
・類似：都市計画　都市構想　都市再生　まちづくり
　　　　商店街活性化　市街地復興
・反対：戦争－平和
・上位・下位：ヨーロッパ－ドイツ
・同列：ドイツ－フランス

スライド4：キーワードの組み合わせ方
・AND検索
　入力した全てのキーワードを
　含むものを検索
・OR検索
　入力したいずれかの
　キーワードを含むものを検索
・NOT検索
　除外したい単語の前に入力すると、
　左側のキーワードの検索結果から
　右側のキーワードを除いたものを検索

スライド5：キーワードの組み合わせ方
・AND検索
　例：日本　学校教育
　　　　（スペース）
・OR検索
　例：小学校　OR　中学校
　　　　（半角スペース／半角大文字）
・NOT検索
　例：（戦前　教育）　NOT　大学

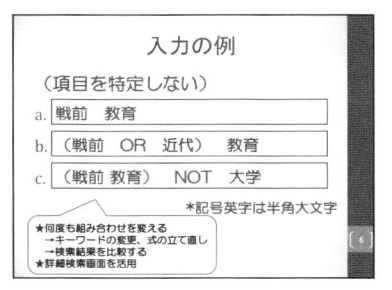

スライド6：入力の例
（項目を特定しない）
a. 戦前　教育
b. （戦前　OR　近代）　教育
c. （戦前　教育）　NOT　大学
　　＊記号英字は半角大文字

★何度も組み合わせを変える
　→キーワードの変更、式の立て直し
　→検索結果を比較する
★詳細検索画面を活用

第2部　発展編　97

＜配布資料に書き込みをした例＞

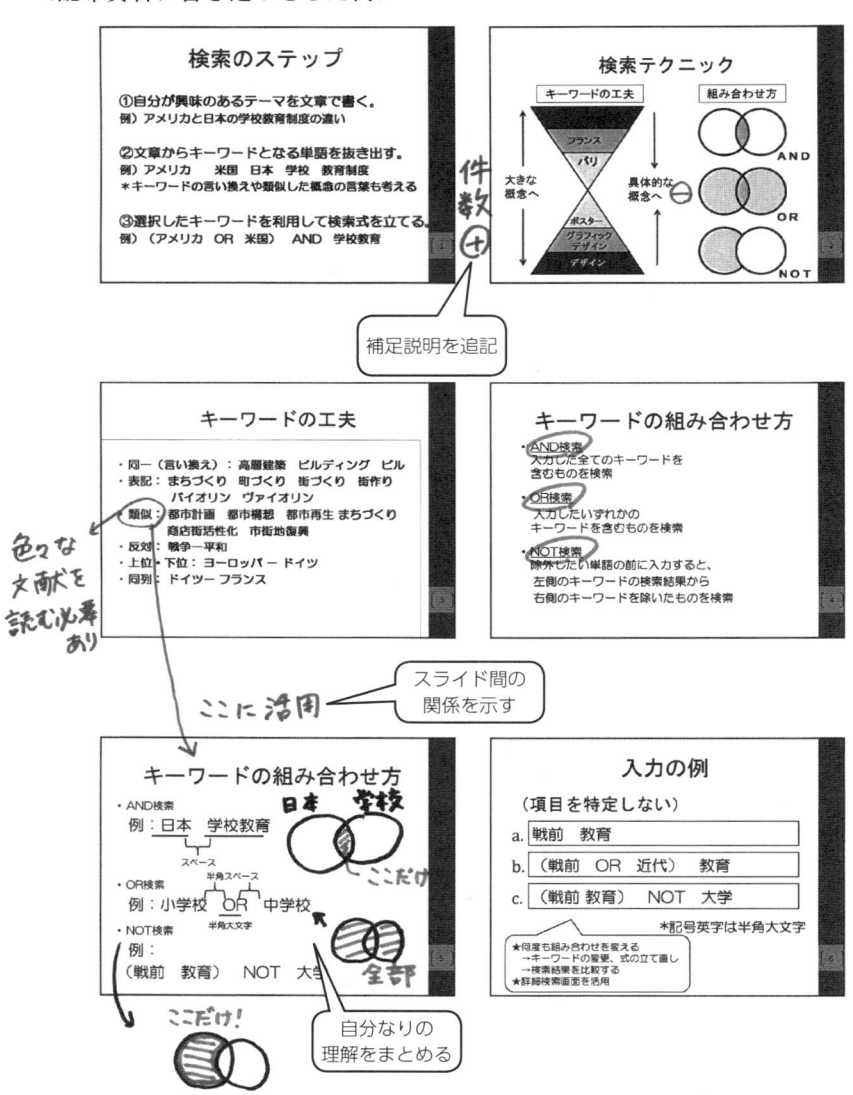

パワーポイントの資料が配布されるとどうしても油断してしまいがちです。しかし、講義の情報量はパワーポイントに表示されたものよりも多いはずです。このノートの例は、パワーポイントに書かれていないものの中から重要な情報を拾い出し、書きつけています。特に以下の点が参考になるでしょう。

・重要な所に印をつける
　　　　配布資料があると安心してしまいがちですが、自分で重要だと思ったところには印をつけ、目立つようにしておくとよいでしょう。

・語句や図の説明を追加する
　　　　右上の「検索テクニック」にある「キーワードの工夫」の図に説明書きが加えられています。「件数⊕」は件数が多くなることを、「⊖」は件数が少なくなることを表しています。また、左列中央の「キーワードの工夫」の「類似」のところに「色々な文献を読む必要あり」と書いてあります。これは講義中のアドバイスを反映させたものです。このようにして、語句や図の説明を追加しておくと、見直したときにとても役立ちます。

・自分なりの理解をまとめる
　　　　左下のスライドには、もともとの資料に書かれていなかった図が追加されています。これは、キーワードの組み合わせ方について自分なりにまとめたものです。こうしたことも書いておくことで、記憶はとどまりやすくなります。

・スライドをまたいで説明を加える
　　　　スライドは1枚1枚分かれているように感じますが、実際にはつながっています。ここではキーワードを工夫することと、実際に検索をかけることとが大きく関係しているため、「ここに活用」という言葉を入れて、二つのスライドをつなげています。

パワーポイントありの講義（スライド配布なし）

　パワーポイントを使って講義が行われるもののそのスライドは配られない、という場合、ノートを取るのが最も難しいかもしれません。パワーポイントで提示する情報量は先生によって異なるからです。

　まず、**1枚のスライドにびっしりと文字が並んでいるような場合には、思い切って情報を取捨選択していく**ことが必要です。パワーポイントが提示されるとどうしても不安になって全部書き写そうとしてしまうのですが、講義内容が頭に入っていなければ本末転倒です。途中までしか書ききれないということになればさらに悲惨です。書ききれなかった場合には思い切って先生に聞いてみるのも一つの手ですが、できるだけその場で書ききるようにするのがよいでしょう。その方が自分自身にとっても先生にとっても、負担が少なくてすみます。書くための工夫としては、例えば、早口でざっと読み進めてしまったところは概要だけ書く、教科書等に書かれている情報はページ数と強調した箇所だけおさえておく、といったことがあります。

　逆に、**ポイントを絞ってキーワードや要旨のみをパワーポイントで提示している場合には、情報を書き足していってください**。要旨だけで理解できるのであれば、要旨を読み上げて終わりでよいわけです。しかしそこに説明が入るということは、要旨だけで理解しきるのは難しいということです。言葉と言葉、スライドとスライドのつながりを書いたり、スライドでは省略されている具体例の概要を書いたりするとよいでしょう。特に**具体例は、理解のために重要な要素**です。試験の際の論述にも、レポートの際のテーマにも活用できるものですので、余裕がある場合には簡単に書きとめておくのがよいでしょう。

　このように、**書き写すよりも理解することが先**ということを覚えておいてください。**パワーポイントはあくまで講義の補助ツール**だということです。講義を理解していなければ、いくらスライドを書き写したところで、後で振り返ることもできません。逆にこのことがわかれば、個別の講義にも柔軟に対応できるでしょう。

　では、ノートの例を見てみましょう。

＜講義中に示されたパワーポイント＞

ボイヤーのスカラーシップ論
- スカラーシップ(scholarship)
  ＝学者であるということはどういうことか
- それ以前の考え方
  ・「教授(teaching)か研究(research)か」
  ・研究偏重の考え方⇒教授活動や公益的活動の軽視
  　（大学教授の昇進・給与で考慮されるのは研究のみ）
- ボイヤーの提案
  ・研究機能のみをスカラーシップとするのではなくて、時代状況に合わせて広く捉え直すべきではないか。
  　⇒発見・統合・応用・教授という新たなスカラーシップを提示
  ・4つのスカラーシップ全てが知的機能として評価されるべき
  ・大学や学者の年齢段階によって
  (Ernest L. Boyer, Scholarship Reconsidered: Priorities of the Professoriate (San Francisco: Carnegie Foundation for the Advancement of Teaching, 1990))

ボイヤーによる4つのスカラーシップ
- 発見(discovery)のスカラーシップ
  いわゆる「研究」と呼ばれるもの
- 統合(integration)のスカラーシップ
  個々ばらばらの事業に意味を与え関連付ける
  学際的・統合的な研究を促す
  狭い範囲の研究がどこにどう位置づくのかを説明する
- 応用(application)のスカラーシップ
  より大きな社会共同体の利益に貢献する
  ただし、学者の専門的知識に関連している必要がある
  単なる市民活動とは異なる
- 教授(teaching)のスカラーシップ
  アリストテレス「教授は理解の最高形態である」
  そもそも学者としての教師は学習者でもある
  知識の連続性や人間の知識の蓄えに貢献する

＜ノートの例＞

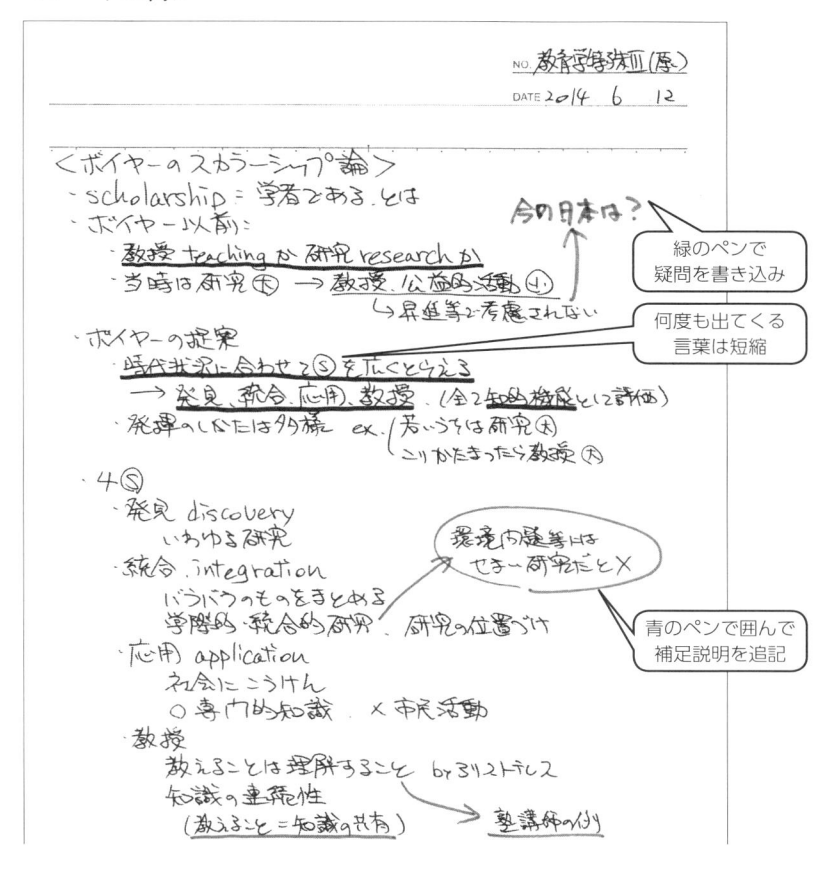

この例では、スタンダードなルーズリーフを使っています。パワーポイントで提示された情報を基本としつつ、省略や補足を行っています。

・キーワードなどを記号化している
　「スカラーシップ」という長い言葉をⓈとしています。講義の中で何回も現れるキーワードが長い言葉だった場合、このように記号化するのが有効です。その他、大・小・○・×などの記号も上手に使ってください。

・ひらがなで書いてもわかる所はひらがなで書いている
　画数が多い漢字を省略するのも時間節約の一つの方法です。「貢献」と書くよりも「こうけん」と書いた方が時間短縮になるため、ここではひらがなで書いています。

・先生が強調していたことに赤で印をつけている
　パワーポイントには太字や赤字はありませんが、ノートには赤の下線が引かれています（残念ながら、前ページのノートの写真ではカラーは表現されていませんが）。これは先生が強調していたと思ったところに、自分の判断で印をつけたものです。

・パワーポイントに書かれていなかった情報を書き足している
　環境問題、塾講師の例など、パワーポイントには書かれていない言葉が書き足されています。これらは先生が説明をする際に加えた補足説明や具体例でしょう。こうした情報は講義内容を思い出すのにとても有効です。

・講義についての疑問・感想は緑のペンで書き足している
　右上の方に一か所、「今の日本は？」と緑色で書かれています。これは講義中に思いついた疑問を書きとめたものです。こうしたことを書きとめておくと、レポートのテーマを考える際に役立ちます。

（4）ノートをフル活用しよう──問いとの連関──

　さて、ここからは、レポートと関連させたノートの活用方法について考えていきましょう。レポートとノートを関連させると言うと、違和感を覚える人もいるかもしれません。テストのときにはノートの復習は必要だろうけれど、レポートは新しく調べないといけないからノートの意味はあまりないだろう。そう思う人も多いでしょう。しかし、課題レポートはその科目の講義と関連したものです。むしろノートを活用することで、効率は良くなりますし、レポートの質も高まります。さらに、多くの人がつまずきがちなポイントを克服することにもつながります。

レポートで求められていることって？

　レポートで求められていることは何か、ということから話を始めましょう。大事なところでは次の2点があります。

　　A：論文のフォーマットがしっかりとしているか
　　B：自ら適切な「問い」が立てられているか

　この2点を満たしているレポートは「良いレポート」だと言えるでしょう。本書をここまで読んでくださった皆さんは、Aについては自信がついてきたのではないかと思います。しかし、Bについて苦戦している人はまだ多いでしょう。そして、Bが十分にできていないために大学での学びにつまずいてしまう学生も、少なくありません。

　はじめのうちは「そもそもの『問い』が設定されているレポート」が課されるかもしれません。これは上に示したAを中心に見るレポート課題ということになります。しかし、時間が経つにつれて、**「問い立て」が適切に行えているか**を問うレポートが増えてきます。実際に「問いの立て方」を意識的に訓練しない学生は相当の苦戦を強いられているようです。自由度が高くなればなるほど、「何を書いていいかわからない」、「何から手を付けていいかわからない」という疑問は多くなります。

ノートから問いを立てよう

では、どうしたらよいでしょうか。そこで活用すべきなのがノートです。**ノートは問い立てや資料探しのための大切な手がかり**になります。

簡単な図でまとめてみると、ノートを使った「問い立て」は、以下のような形で進んでいきます。

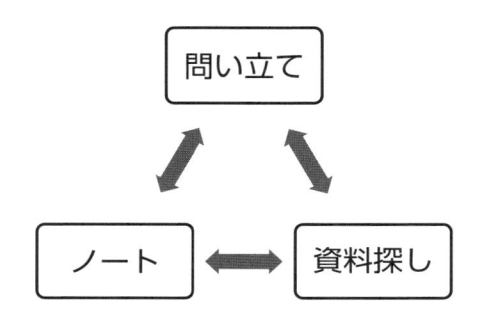

```
        問い立て
        ↕    ↕
    ノート ↔ 資料探し
```

例えば、「講義内容をもとに自ら課題を設定し、それについて4,000字以内で論じなさい」というかなり自由度の高いレポート課題が課されたとします。この課題に対して、どのように対処したらよいでしょうか。「講義内容をもとに」とあるので、講義ノートをもとに自分の関心のあるトピックを選ぶところからスタートするだろうと思います。

では、ここでノートを有効活用できているでしょうか。ここでトピックやキーワードだけを取り出してノートの役目は終了、とするのはもったいないことです。せっかくの講義内容がレポートに生かされないため、レポートにかけなければならない労力が増えてしまうのです。

レポートを効率よく進めている人は、**まずノートを見て「何か言えそうなことはないか」**と考えます。ノートの内容を基本にして、これまでに書いたレポートや読んだ資料、他の科目の講義内容を思い出しながら、何か言えないかと考えるわけです。レポートのアウトラインをこの時点で考えていると言ってもいいでしょう。この時点でレポートの骨格を仮組みするわけです。これが**「ノート→問い立て」**の段階です。

もちろん、ここで全てが決まるわけではありません。しかし、アウトラインを作ってみることで、次にやるべきことがはっきりしてきます。

「こんな資料があれば講義の内容（ノート）と組み合わせてこんなことが言えそうだ」と考えれば、ほしい資料のイメージができます。ここで**「ノート→資料探し」**という作業に入ります。ノートに多く登場したキーワードから、資料を検索していきます。場当たり的に探すよりも、焦点が絞られた形で資料検索ができているはずです。

ノートと資料との関係を考えよう

　ここまでできればレポートとしては及第点のものができるでしょう。ただ、より高いレベルのものを求めようとした場合には、さらに一歩進めることもできます。そこで行うのが、**講義ノートをまとめたものと、新たな資料をまとめたものの関係性を明確にしていく**という作業です。新たにノートを作るわけですね。講義を行った先生の視点と、他の文献の著者の視点とは、同じものではないでしょう。それぞれどのような点で異なっているのか、またどのような点で共通点を持っているのかを意識しながら新たにまとめノートを作ることで、考察がより深まります。慣れないうちは難しいかもしれませんが、そのようにまとめていく中で、オリジナリティあふれる「問い」が生まれてきます。複数の視点を並べて考えることで、そこに独自の「問い立て」が可能になるわけですね。

　こうして、ノートから問い立てへ、資料探しへ、そしてまたノートへというサイクルができました。このサイクルは1周すれば終わりというものではなく、回数を重ねていくこともできます。そして、ノートの質が高まれば考察は深まり、レポートの質も高まります。

ポイント

・ノートは問い立てや資料探しのための大切な手がかりになる
・問い立てや資料探しからノートにもどることで、考察が深まる

2 スケジューリングの方法

　「レポートの書き方がわからない！」というのはよくある相談ですが、「どんなふうにスケジュールを組めばいいかわからない！」という相談は、案外多くはありません。では、学生が皆スケジュール管理について困っていないのかというと、そんなことはありません。「締切前日なのに何もやっていないし、どうすればいいかわかりません！」という人もいます。「1か月以上前から準備していたのに結局終わりそうにないんです！」という人もいます。一つのレポートだけに集中できるならうまくいくのかもしれませんが、複数のレポート、テスト、プレゼン、アルバイト、サークルなどなど、やるべきことややりたいことが山ほどあると、その管理も大変です。

　スケジュールの立て方はなかなか教えてもらう機会がありませんし、スケジュール管理の失敗がレポートの失敗につながっていると気づかない人も多くいます。そこで本章では、レポートの手順とスケジュール管理についてお話しします。失敗例や様々な工夫に学びながら、自分なりのスケジュールを組み立てていってください。

(1) スケジューリングの失敗例

　スケジュールを考えるときにありがちな失敗が、スケジュールを単に意志や心構えの問題にしてしまうことです。確かに計画通りに進めるためには、誘惑に負けない強い意志も必要です。しかし、スケジュールにはいろいろなコツがあります。それをおさえずに進めようとすると、気持ちだけが空回りして、失敗しがちです。

　ここではまず、スケジューリングの例を三つ見ていきます。それぞれの良いところ、悪いところを探しながら、よりよいスケジュールについて考えていくことにしましょう。

Aさんの例

　根はまじめでノートもしっかり。課題が出たら資料探しも入念に。でも、なんでかうまく書けない……。今回はレポート課題は「講義で取り上げた日本史上の事件から一つを取り上げ、その意味について論ぜよ」というもので、分量はA4用紙2枚程度。以下のようなスケジュールでレポートを書き上げ提出しました。が、評価はCでした……。

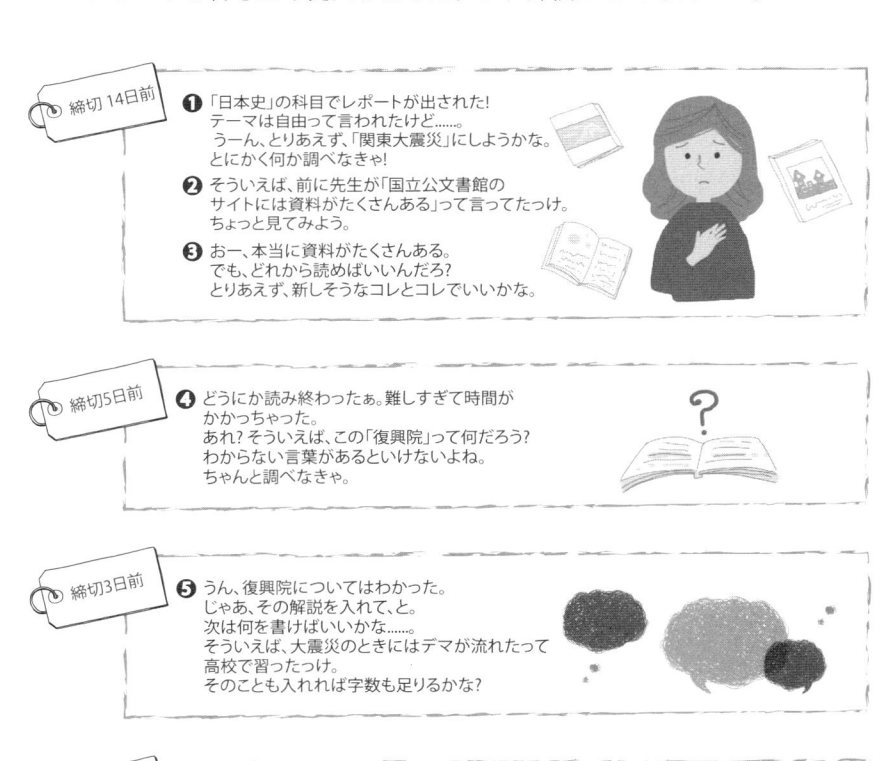

締切14日前
❶「日本史」の科目でレポートが出された!
　テーマは自由って言われたけど……。
　うーん、とりあえず、「関東大震災」にしようかな。
　とにかく何か調べなきゃ!
❷ そういえば、前に先生が「国立公文書館の
　サイトには資料がたくさんある」って言ってたっけ。
　ちょっと見てみよう。
❸ おー、本当に資料がたくさんある。
　でも、どれから読めばいいんだろ?
　とりあえず、新しそうなコレとコレでいいかな。

締切5日前
❹ どうにか読み終わったぁ。難しすぎて時間が
　かかっちゃった。
　あれ? そういえば、この「復興院」って何だろう?
　わからない言葉があるといけないよね。
　ちゃんと調べなきゃ。

締切3日前
❺ うん、復興院についてはわかった。
　じゃあ、その解説を入れて、と。
　次は何を書けばいいかな……。
　そういえば、大震災のときにはデマが流れたって
　高校で習ったっけ。
　そのことも入れれば字数も足りるかな?

締切前日
❻ よし。これでA4用紙2枚になった!
　調べたことはちゃんと書いたし、
　きっと大丈夫だよね!

・何が悪かった？

　こんなふうに取り組んでいる方、多いんじゃないでしょうか。決して不真面目に取り組んでいるわけではないのに、なかなか評価されない。そんな悩みを持つ人は、このパターンに当てはまることが少なくありません。多くの資料を読み込むことは、決して悪いことではありません。しかし、このやり方ではその頑張りが評価されにくくなってしまいます。調べたことを片っ端から書いていく、というやり方では、「自分なりの答えの提示」が達成されにくいのです。「調べたことを書いていく」のではなくて、「自分の議論を支えるために資料を使う」ことを意識してスケジュールを組んでいくのがよいでしょう。

・何が良かった？

　ただ、Aさんの全部が悪かったというわけではありません。良い点もあります。**資料を読み込む時間をしっかり取った**のは、大きなプラスのポイントです。資料を読み込むには時間がかかりますので、その時間は確保しておかないとどうにもなりません。また、先生が提示した資料（のウェブサイト）を調べてみたのも、レポートに取り組む上では重要です。

・どうすればいい？

　では、Aさんはどうすればよかったのでしょうか。まずは、**「アウトラインをこの日までに作る！」という日を決めてしまいましょう**。アウトラインさえできればレポートはほとんど完成したようなものです。もちろん、納得のいくアウトラインなんて、なかなかできるものではありません。しかし、こだわっているといつまでも書き始められませんし、締切を延ばすこともできません。そうなると、**仮のもので構わないのでアウトラインを作ってしまうことが大事です。それを最低ラインとして確保**しておいて、調べているうちにもっとよいアウトラインができたら、そしてそれを書ききる余裕があったら、そちらに乗り換えればよいわけです。最低ラインを確保するためにも、アウトラインを意識しておくことが大事です。

B君の例

　成績は最低でもいいから、とにかく単位さえ来ればいい。力を入れているのはアルバイトとサークル。正直なところ、講義にはあんまり出ていない……。レポート課題は「現代日本の企業の経営問題について具体的な事例を取り上げ、本講義の内容を踏まえてその原因を考察せよ」というもので、分量はA4用紙2枚程度。

締切7日前
❶ クラスの友達によると、どうやら「経営学」の科目でレポートが出たらしい。「この授業はレポートだけで単位が来る!」って先輩が言ってたから、全然出席してないんだよね。
まぁ、1週間あればどうにかなるっしょ。
❷ ノートは友達からコピーさせてもらって、と。
なるほど、レジュメはウェブからダウンロードできるのか。初めて知った(笑)
穴埋め用の空欄がたくさんあるけど、まぁ、ノート見ながらでどうにか。

締切 前日
❸ 現代日本の企業の問題か。何か面白そうなのないかなー。
野球好きだし、球団の合併とか調べてみるか。
こんなのネットでちょっと検索かければすぐ出てくるでしょ
あー、出てきた。具体例はこの辺からもらってこよう。

締切 4時間前
❹ で、調べたことに講義内容を重ねればいいかな。
借りたノートにあるキーワードと「球団合併」で検索かけてっと。
よし、なんとなく授業と重なってそうだし、この記事もらい!
この辺とこの辺をコピーして、バレないように入れ替えて、と。

締切 3時間前
❺ とりあえずA4の2枚目に入ったけど、まだ字数がちょっと足りないな。
2枚目も真ん中くらいまではいかないとやる気ないって思われるよなー。
あ! そうか。文字幅と行間を拡げればいいんじゃね?
やばい、天才的!(笑)

締切 2時間前
❻ よし。これでA4用紙2枚になった。
あとはちゃんと考えてる風なことを書いておけばやる気もアピールできるでしょ。
「経営学の講義は球団経営の問題を考えるのにも役に立つことがわかった」っと。完璧(笑)

第 2 部　発展編

・何が悪かった？

いかがでしょうか？ 「不真面目だ」、「大学生の学びではない」、といった声がたくさん聞こえてくるような気がします。講義に出ていないのは問題外、課題に取り組み始めるのが遅い、ごまかしが多すぎる、などなど、反省すべき点しかありません。

・何が良かった？

そもそもレポートにしっかり取り組もうとしているわけではないので、ここに良い点なんてあるはずがありません。しかし、ここから学ぶこともあります。

B君の工夫の一つは、**ノートを見てからレポートに取り組もうとしている**ことです。レポートはあくまでその科目の課題ですので、講義内容と照らし合わせることは大事です。また、一から調べていては、効率も悪くなります。B君がレポートの最初の段階で講義内容を確認したことは、彼の態度を別にすれば、適切なことではあるわけです。

また、**自分の興味のあることに結びつけて考えている**のも大きなプラスのポイントです。「やらなければいけないもの」と考えると、レポートはどうしても退屈なものになってしまいがちです。彼はそこに、少しでも楽しめる要素を入れているわけですね。もしかしたら、今回レポートに取り組んだことが、自分の関心のありかを見つける第一歩になるかもしれませんし、今後卒論にもつながってくるかもしれません。さらに、自分の関心が見つかったなら、他の課題が出たときにもその関心に結びつけて考えることで、下調べが大幅にカットできます。

ひたすらに楽をしようとするB君ですが、楽をしたいがためにいろいろな工夫をしています。もちろんそれは、「中身は空っぽの状態でいいから、できるだけ効率よく、できるだけ良く見せよう」という目論見のためのものですので、その態度にプラスの評価はあげられません。しかし、効率よくするための工夫は、Aさんのきまじめな態度と組み合わせれば、大きな力となります。

・どうすればいい？

　もちろん、このままでいいはずがありません。授業にきちんと出ることはもちろんですが、他にも改善すべき点は大いにあります。そしてそれはB君だけの問題ではありません。真面目に取り組んでいる学生でも、他のことで忙しくてレポートを書くのが提出直前になることは、よくありますから。忙しいとき、どうすれば最低限のことを達成できるか、考えてみましょう。

　まずは、思い切って**テーマを早い段階で決め、図書館の資料を探しに行けるだけの余裕を取る**ことから始めるとよさそうです。今回、ノートを見てからテーマを決めたのはとてもよかったのですが、テーマを決めるのがあまりに遅かったわけです。そのため、調べるのが直前になってしまい、結局インターネットに頼るしか方法がなくなってしまったわけです（B君の場合、「楽をしたいから」という理由がほとんどですが）。

　レポートの質を決めるポイントはいくつかありますが、信頼できる資料を使っているかどうかは、その一つです。たとえ本の1冊でも、雑誌記事の1本でも使っていればそれだけで質が高まります。図書館の資料を探せる時間を1時間でもよいので確保しておくとよいでしょう。

Cさんの例

　レポートには慣れてきたし自信もあるのに、なぜか評価がいま一つ……。レポート課題は「文学論に関する文献を読んで、その現代性について論じなさい」というもの。分量はA4用紙2枚程度。

締切14日前
❶ レポート課題が出た！
うーん、「現代性」って何？
とりあえずノートを見返して考えてみよう。
❷ 題材はとりあえず最近読んだブルトンの『シュルレアリスム宣言』にしよう。
ちょうど現代への移り変わりのものだし、課題にも合うんじゃないかな。

締切10日前
❸ 読み直してみたけど、やっぱり何を言ってるかわからない所も多いなぁ。
とりあえず、ブルトンの自動筆記と現代のテクノロジーを結び付けようか。

締切3日前
❹ 「ブルトンの自動筆記の手法は、速度とテクノロジーとの関連から考えると、現代性を持っている」って結論にしよう。
こじつけっぽいけど、面白そう。
あとはこの結論になるように、読んだ本から根拠になるところを探して、と。

締切前日
❺ 根拠を抜き出していったらそれだけでけっこうな量になっちゃった。
A4で2枚くらいってあっという間に埋まっちゃうから、章立ては省略！
あ、「現代性」についても定義しておかなきゃ。
まあ、これは後でもいいか。
❻ よし。これで完成！A4用紙3枚びっしりになっちゃったけど、「2枚程度」だから3枚でも大丈夫でしょう。
せっかく書いたのに削るのももったいないし。

・何が良かった？

　AさんやB君に比べて、レポート課題には慣れているようです。課題を出された後に**課題の意図を確認し、講義内容を振り返る**のはとてもよいことです。また、**結論を意識しながら論を組み立てていった**のも、よいことです。「こじつけっぽい」とは言っていますが、それでも一つの筋の通った議論であれば、レポートの評価は高くなるでしょう。

・何が悪かった？

　ただ、それでもこのレポートの評価はいま一つになってしまう気がします。最大のミスは、**締切前日に作業を詰め込みすぎてしまったこと**です。A4用紙2枚程度の短いレポートならば1日あれば書けると判断したのだと思いますし、実際に書き終えています。しかし、字数が多くなりすぎたり、定義が後回しになったりと、不安要素がいくつか残っています。章立てがないので構成も不安です。完成した文章をCさんが改めて読んだとしたら、書いた自分にもわからない、となるかもしれません。

・どうすればいい？

　では、どのようにスケジュールを見直せばよいでしょうか。Cさんはとてもうまく時間を使うことができていると思います。あとは、**レポートの書き上がりをもう1日早くする**、ということでしょう。

　レポートが書き上がれば、そのまま提出したくなります。しかし、読みやすい文章というのは、一度に書けるようなものではありません。完成した文章を読み直して調整することは重要です。

　「結局早く書けってことか」と言われるかもしれませんが、何も考えずに締切を早めるのと、時間を調整した上で締切を早めるのとでは意味が違います。推敲が早めに終われば他の課題に時間を回すこともできます。レポートに慣れてきたら、完成予定日を少し早めに設定することが、複数の課題をこなすためにも大事なポイントです。現実的な範囲で、かつ直前にならないように、**スケジュール帳に「レポート完成予定！」と書いておきましょう**。

(2) レポートに取り組むためのスケジュール管理

　これまでの失敗例をふまえて、レポートに取り組むためのスケジュールを考えてみましょう。A4用紙2枚程度のレポートであれば、2週間の時間をとって、次のようなスケジュールが組めます。もちろん、2週間ずっと一つのレポートにかかりきりにならなければいけないというわけではありません。他の課題やサークル、アルバイトをこなしながら完成させるために、長めの時間をとるわけです。

7日間

❶ 出題意図の確認
　レポートタイプはどんなもの?(調べて報告、書評、何かを提案……)
　字数や形式の条件は? 担当の先生が求めているものは?

❷ 基本的な知識の確認・下調べ
　まず、講義ノートやプリントを見直し、基本的な知識をおさらい。
　必要に応じて基本となる資料(事典の記事など)を読む。
　課題文献が出された場合は課題文献を読む。

❸ テーマを絞る
　出題意図に沿っているか、範囲が広すぎたり狭すぎたりしないか、といったことに注意しながら、テーマを絞っていく。
　レポートの中に問いと答えが展開できるようなテーマになるよう意識。

❹ 文献に当たる
　科目の参考文献を調べたり、図書館の蔵書検索システムでのキーワード検索やブラウジングで文献を探したりするのが基本。
　さらに調べたいときはCiNiiやWebcatPlusといったサイトを試してみる。

2日間

❺ 構成を練る・アウトラインを作成する
　自ら立てた問いに自ら答える、という論の流れを考え、ノートに大まかな構成を書いてみる。
　そして筋が通っているか、具体例が適切かどうかを確認していく。

5日間

❻ 書く
　一気に書いて提出するのではなく、何度かプリントアウトして、書き漏らしたことはないか、筋は通っているか、誤字脱字はないか、書式は正しいか、といったことを確認しながら書いていく。

❼ 提出!
　氏名、所属・学籍番号、科目名・科目担当者、タイトル、提出日、ページ番号が書かれていることを確認。
　提出用のデータは保存しておくこと。

(3) スケジュール例

　さて、ここで複数の課題をこなすスケジュールの例を見てみましょう。文学部1年生のD君の例です。彼は学部の上限である年間48単位まで目一杯履修登録をしました。さらに週3回アルバイトをこなし、週2回サークル活動にも参加して、忙しい毎日を送っています。

	月	火	水	木	金	土	日
1限		ドイツ語		音楽史	心理学		
2限	政治学		ジェンダー論	ドイツ語	法学	英語	
3限	英語	生物学 （2コマ続）		基礎 情報処理	ドイツ語小テストの準備	サークル	
4限			歴史学	ドイツ語小テストの準備	ドイツ語		
5限	美術史		サークル		英語の予習		
夕方		バイト		バイト	バイト		
夜	ドイツ語小テストの準備						英語の予習

　入学して数か月、語学の小テストや他の科目の小レポート等も、どうにかこなしてきました。学期末テストもどうにかなるだろうと思っていたのですが、実は思っていたよりも大変だということがわかりました。7月に入って発表されたテストやレポートの日程を確認してみると、レポート提出とテスト、プレゼンが1週間に六つも重なっているのです！

　D君の手帳を見ると次ページのようになっています。火曜・金曜にはドイツ語の小テスト。これだけでも大変なのに、21日の週は成績に大きく関わってくる期末レポートやテストがいっぱいで、手帳は真っ赤になっています。自分の手帳がこんなに予定だらけになったことは、生まれて初めてでしょう。バイトは休むわけにはいかないし、できるだけサークルにも出ておきたい。20日にある先輩の演奏会もパスするわけにはいかない。ドイツ語の小テストも力を抜いたらひどい点数になりそうだし……。少なくとも、行き当たりばったりで進めていたらどうにもならなそうなことは確かです。

7月

月	火	水	木	金	土	日
	1 冠詞・名詞	2	3	4 現在人称変化2	5	6
7	8 人称代名詞	9	10	11 不規則動詞1	12	13 美術館へ
14	15 不規則動詞2	16	17	18 不規則動詞3	19 英語プレゼン	20 先輩の演奏会
21 美術史レポート	22 不規則動詞4	23 ジェンダー論 レポート	24 音楽史レポート 独発音テスト	25 独文法テスト	26 英語テスト	27
28 試験期間	29	30	31 →			

　さて、こうした状況をD君はどのように切り抜けていったのでしょうか。テストやレポートの課題条件や残り時間を考えて、次のように工夫していきました。

レポートやプレゼンの準備にかかる最低限の時間を考え、確保する

　D君はまず、提出しなければどうにもならないレポートと、話す内容を決めておく必要があるプレゼンについて、最低限必要な時間を考え、スケジュール帳に書き込んでいきました。どうしても時間がうまく取れないときにはサークルの時間を削るなどしています。

- 美術史のレポートは美術館の感想だから時間はかからないはず。13日に美術館に行って、その日のうちに終わらせよう。
- 残り二つのレポートは20日に追い込みをかけたいけれど、先輩の演奏会もあるから、それまでにもう少し時間を取っておいた方がいいかもしれない。空きコマに進めるとして、うまく進まなかったら、16日・19日のサークルを休むことも考えよう。
- 19日の英語のプレゼンは、早い段階で原稿を作って練習しないと厳しそうだけれど、まとまった時間がなかなか取れない……。仕方ないから12日のサークルは事情を説明して遅れて行こう。
- 21日の英語の後の時間と、22日のドイツ語の後の時間に、提出前のレポートの最終チェックをしよう。自分で見てるだけだと気づかない所もあるから、誤字脱字はクラスの友達と相互に確認しよう。

テスト勉強のための時間を考える

　次にＤ君は、空き時間も比較的使いやすいテスト勉強の時間を考えていきました。使える時間には限りがあるので、こちらも最低限必要そうな時間を先に考えています。

- ドイツ語の文法テストに向けて、今までの小テストを参考に単語帳を作っておこう。電車に乗っている間や空き時間にやっておけば、大きな減点は避けられるはず。ゆっくり時間が取れるのは13日かな。午前中に作って、美術館に行くときにも持っていこう。
- 「この時間はレポート！」「この時間はテスト勉強！」って時間をスケジュールに書いておこう。残った時間、空きコマは、レポート優先で使っていこう。レポートが順調に進んでいたらテスト勉強で。

どこで時間を省けるか考える

　レポート、プレゼン、テストの時間をそれぞれあてはめてみましたが、なかなかに苦しそうです。そこでＤ君は、レポートやプレゼンの準備を短縮することを考えました。

- ジェンダー論と音楽史のレポートは、どちらも「楽器とジェンダー」の問題を考えよう。昔は男女で演奏すべき楽器が違っていたそうだ。音楽史ではその歴史を掘り下げて、ジェンダー論では現在もその意識が強いことを調べて書こう。そうすれば、二つ一緒にできて下調べの時間が省ける。
- 英語プレゼンも他の科目で習ったことを応用しよう。「現代の社会問題」が条件だから、法学の授業でもらった人権についてのプリントの参考文献表をあたってみよう。確か英語のウェブサイトが載ってたはず。

　こうして、Ｄ君はいろいろな工夫をしながら、スケジュールを立てました。最終的なスケジュールは次のページのようになりました。

	7日 月	8日 火	9日 水	10日 木	11日 金	12日 土	13日 日
1限		ドイツ語		音楽史	心理学		ドイツ語単語帳作成
2限	政治学		ジェンダー論	ドイツ語	法学	英語	
3限	英語	生物学（2コマ続）		基礎情報処理	ドイツ語小テストの準備	英語プレゼンの原稿作成	美術史レポートのために美術館へ
4限			歴史学	ドイツ語小テストの準備	ドイツ語		
5限	美術史		サークル		英語の予習	サークル	美術史レポート完成
夕方		バイト		バイト	バイト		
夜	ドイツ語小テストの準備						英語の予習

	14日 月	15日 火	16日 水	17日 木	18日 金	19日 土	20日 日
1限		ドイツ語		音楽史	心理学		レポート
2限	政治学		ジェンダー論	ドイツ語	法学	英語プレゼン！	
3限	英語	生物学（2コマ続）		基礎情報処理	ドイツ語小テストの準備	サークル	
4限			歴史学	ドイツ語小テストの準備	ドイツ語		
5限	美術史		サークル		英語の予習		先輩の演奏会
夕方		バイト		バイト	バイト		
夜	ドイツ語小テストの準備		ドイツ語発音テスト勉強				英語の予習

	21日 月	22日 火	23日 水	24日 木	25日 金	26日 土	27日 日
1限		ドイツ語		音楽史レポート提出！	心理学	英語テスト勉強	
2限	政治学	レポート提出前チェック	ジェンダー論レポート提出！	ドイツ語発音テスト！	法学	英語テスト！	
3限	英語	生物学（2コマ続）		基礎情報処理	ドイツ語文法テスト勉強		
4限	レポート提出前チェック		歴史学	ドイツ語文法テスト勉強	ドイツ語文法テスト！	サークル	
5限	美術史レポート提出！		サークル	英語テスト勉強	英語テスト勉強		
夕方		バイト		バイト	バイト		
夜	ドイツ語小テストの準備		ドイツ語発音テスト勉強				

さて、D君はこの窮地を乗り越えられたでしょうか。「満点！」とまではいきませんが、うまくいったのではないかと思います。**「ここでレポートを終わらせる！」というタイミングを設けている**ことと、**「この時間は絶対にテスト勉強に使う」という時間を設けている**ことがポイントです。そのため、スケジュールは大幅には狂わないでしょう。「うまくいかなかったらサークルを休む」と、**計画がうまく進まなかった時の次善策をあらかじめ考えている**のもポイントです。

　もちろん、これも完璧なスケジュールではありません。7月に入る前にスケジュールを立てることができていたら、もう少し余裕をもった計画もできたのかもしれません。また、他にもいろいろな対応がとれたかもしれません。しかし、7月はじめの時点で7月を見通したスケジュールを立てることができたのは、立派です。この経験をもとに秋学期にはもっと長いスパンでのスケジュールが立てられるようになるのではないかと思います。

(4) レポートの手順のポイント
レポートは書くことがメイン？

　多くの人が思い違いをしているのですが、「レポートは書くことがメイン」ではありません。実際には文章を書き始めるまでに、全体の時間の半分は費やされるものです。何かを調べて報告するタイプのレポートでは、「何かを調べて」の段階が半分以上を占めるでしょう。書評であれば課題図書を読むことに時間がかかります。何か新しい提案をすることが求められているレポートでも、提案の根拠を提示するために情報を収集する必要があります。どのようなタイプのレポートであったとしても、**書くための準備は不可欠**なのです。

　まず書き始めてみて、根拠がほしくなったら、あるいは字数が埋まらなくなったら資料を集め始める、という人もいるでしょう。時間がないからまず書かないと、と思ってしまうわけです。しかしこの場合も、資料収集やアウトライン作りがしっかりできていないと、筋の通らないものになりがちです。

まずは資料を集めなきゃ？

　しかし、だからといってまず資料を集める、というのもあまりよい方法とはいえません。課題が出されるとすぐに「資料を集めなきゃ！」となる人も多いのですが、これはおすすめできません。

　そうならないために必要なのが、①**出題意図の確認**、②**基本事項の確認・下調べ**、の二つです。まずレポート課題が出されたら、その課題の趣旨を読み解きましょう。単に調べて報告することが求められるレポートで自分の意見を大々的に展開してしまうと、十分に調べていないと見なされてしまいます。逆に、自分の意見が求められているレポートで他人の意見ばかりを書いていた場合にも、課題の趣旨から外れたものと見なされてしまいます。そのレポートで何が求められているのかということを、まず確認しましょう。

　次に、基本事項の確認です。これは、講義内容を振り返ったり、事典・入門書などでキーワードについて確認したりして、基本事項をおさらいするのがよいでしょう。「まずは資料を！」という人の陥りがちな失敗として、いきなり専門書や論文を読もうとして、議論についていけずに心が折れる、時間が足りなくなる、ということがあります。専門書や論文には基本事項の説明が省かれていることも少なくありません。そうすると、難しすぎてついていけない⇒あきらめる、または時間がかかりすぎる、ということになってしまいがちなのです。**まずは講義のおさらいをしましょう。**「時間がもったいない」と思うかもしれませんが、結果的に時間は短くて済みますし、自分の力にもなります。

アウトラインに時間をかける

　論文のテーマが決まったら、テーマに沿って資料を集め、読み込んでいきます。読んでいく中で自分なりの答えが作られていくこともありますし、資料を整理する中で「こういう答えが出せるんじゃないか」ということに気づくこともあります。いずれにせよ、資料を読む前よりも客観的な証拠に基づいた答えができあがってくるのではないかと思います。こうした中でしっかりとしたアウトラインを作る必要があります。

第1部2章（4）でも説明しましたが、レポートを効率よく書くためにはいくつかのブロックに分けて書くことが重要です。いきなり書き始めるのではなくて、まずおおまかな筋道を立て、それがしっかりと相手に伝わるものかどうかを確かめることが重要なわけです。こうしてアウトラインをじっくり考えることで、結果的にレポートを書く時間も短くて済みます。

アウトラインを決めて書き始める
　「アウトラインができればレポートはほとんど終わったようなもの」と、よく言われます。この言葉は正しいでしょう。しかし、提出前日までアウトラインを練るのに使う、というのはおすすめできることではありません。「しっかりとしたアウトラインがあれば書くのは1日でもいいんじゃないの？」という声もあるでしょう。うまくいけば、1日でもどうにかなりますし、時間がないときにはそうするしかないこともあります。しかし、アウトラインを丁寧に作っても、書いているうちに論の通りが悪いことに気づいたり、証拠となる情報がもう少しほしいと思ったりすることはあります。つまり、レポートの作成の手順は一方通行的なものではない、ということです。「こんな資料があればこのことが論証できるのに」と考えたときには、もう一度資料を集めることになるでしょう。資料を集めていて見つからなければ、アウトライン自体を変更する必要も出てくるでしょうし、テーマを拡げたり狭めたりすることもあるでしょう。レポートは自分の頭の中だけで完結するものではなく、課題文や資料に基づいて取り組まれるものなので、きれいにうまくいくのはむしろ稀です。そうなると、レポートの手順は次のページの図のようになり、アウトラインの修正も踏まえたスケジュールが必要になってくるわけです。
　アウトラインがうまく作れずに締切直前まで考え込んでしまう、という人も多いでしょう。「このアウトラインだと根拠が薄いからもっと資料を探さないと」とか、「論は成り立ったけど面白みがないからもう少しひねりたい」といった感じですね。よりよいものを作ろうとして手が止まっ

てしまうわけです。しかし、より良いアウトラインが最後まで生まれなかった場合、時間切れで提出できないということにもなりかねません。どんなに詰まっていたとしても、3〜5日前には妥協してでもアウトラインを確定させて、書くべきです。**「この日までにアウトラインを確定させる」という目標を立てておきましょう**。思い通りのものが書けなかったとしても、まずは完成させることが大事です。

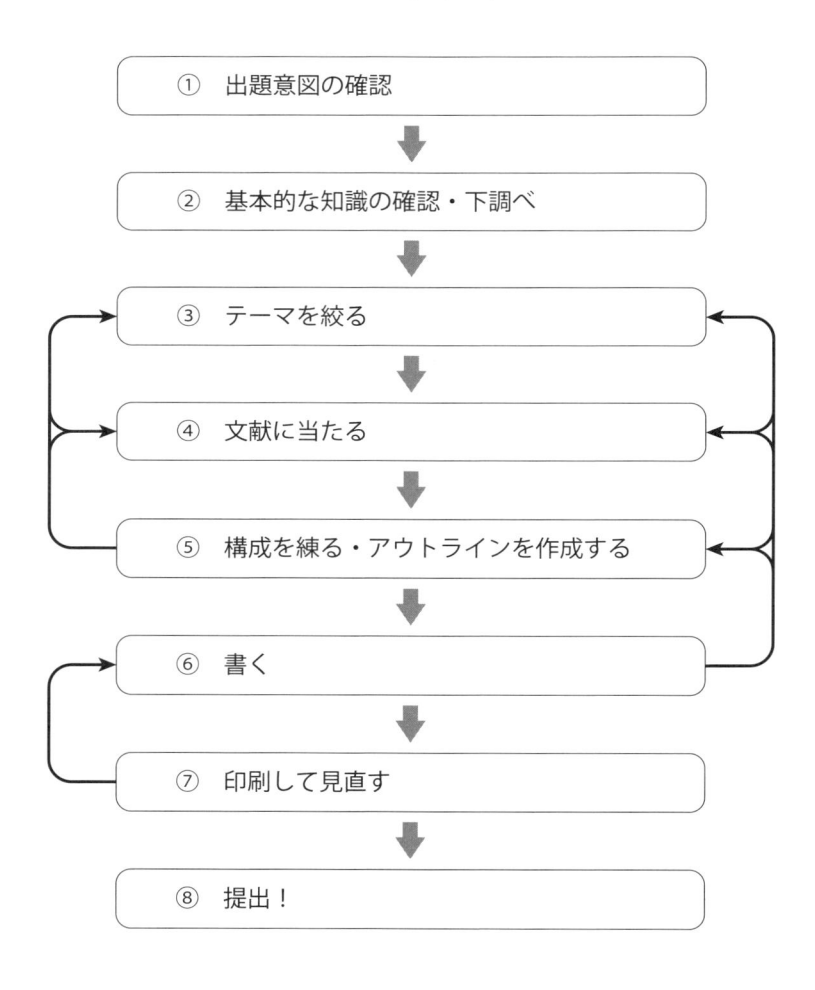

① 出題意図の確認
⬇
② 基本的な知識の確認・下調べ
⬇
③ テーマを絞る
⬇
④ 文献に当たる
⬇
⑤ 構成を練る・アウトラインを作成する
⬇
⑥ 書く
⬇
⑦ 印刷して見直す
⬇
⑧ 提出！

誤字・脱字をなくす

　早めにアウトラインを確定させて書き始めることには、誤字・脱字をなくすという意味もあります。誤字・脱字を自力で見つけるというのは、なかなか難しいものです。自分では正しく書いているつもりなので、読み返してもそれを見落として読んでしまうのですね。これを解決する方法は大きく分けて二つあります。一つは**音読する**こと。発表原稿のつもりで読み返していくと、誤字脱字は見つかりやすくなります。ただ、思い込みが強く効いているとやはりミスを見落として読んでしまうこともあり、これでも完璧ではありません（最近は性能のいい「文章読み上げソフト」が無料で公開されていますので、こういったものを利用するのもよいかもしれません）。誤字脱字を見つけるもう一つの手段は、**他の人に読んでもらう**こと。初めて読む文章なので、自分が読む以上に間違いに気づいてくれます。ただ、この手段をとろうとするなら、友達に読んでもらうだけの時間が必要です。その意味でも、締切当日にレポートを完成させようとするのではなく、余裕を持った方がよいでしょう。

ちゃんと提出しよう

　レポート提出後の講義の前後、担当の先生と話をしている人を見かけることがあります。「電車が遅れたので提出に間に合いませんでした」、「提出日に体調を崩して提出しに行けませんでした」、「提出直前でデータが消えてしまって……」などなど、弁明の声が聞こえてきます。これを「何事にもあきらめずに臨む態度」と考えてもらえればよいのですが、そうはいきません。60点レベルのレポートを締切日に提出するのと、90点レベルのレポートを締切1日後に提出するのとでは、締切日に提出した方が圧倒的に評価は高くなります。そもそも、締切を過ぎてしまえば、多くの場合受け取ってもらえません。ギリギリまでやろうとせずに、まずは期限内に提出してしまってください。どんなに立派なレポートでも、提出日に間に合わなければ、評価されません。

　こういったことを書くと、多くの人は「自分は大丈夫」と思ってしまうのですが、4年間も大学に通えば、電車の遅延も体調不良もデータ消

失も、いくらでも起こります。**本当に起こります**。レポートボックスや事務受付に提出する場合には、締切時間ぎりぎりに大学に着くのではなく、時間に余裕をもたせること。パソコンやメーラーの不具合で時間に間に合わないということもよくあります。今使っているパソコンで送れなかった場合に別のパソコンで試したり、システムの不具合について学生部に問い合わせたりといったことができるだけの時間は確保しておくのがよいでしょう。また、データのバックアップも意識して行ってください。自分のパソコンの他に、USBメモリ等の電子媒体、インターネット上のファイルストレージなど、バックアップの手段は多様にあります。区切りごとに自分あてにメールを送っておくのもよいでしょう。

　ある先生がこう言っていました。**「電車は遅れるもの。体調は崩れるもの。データは消えるもの」**。本当にその通りです。不測の事態が起こったとしても、締切は延びません。よいレポートにするためにギリギリまで粘りたいという気持ちもわかりますが、やはりそれは危険です。不測の事態が起こってもちゃんと提出できるように、余裕のあるスケジュールを組んでください。

ポイント

・レポート作成は書き出す前の、調べ、考えることこそメイン
・レポート課題の出題意図や提出条件を確認し、アウトラインに時間をかける。
・書き終えたら必ず推敲する
・何があっても提出期限を守る

---

(5) レポートを効率よく進めるコツ

　さて、これまでの説明を読んできて、「こんなに立派になんてやってられない！」と思う人も多いのではないでしょうか。アルバイトやサークル活動もあるし、息抜きの日も取っておきたい。学期末になればレポートは複数課されることも多いし、テストやプレゼンの課題もたくさん。

そんな中、レポート1本だけにかまっていられない、というのが実情でしょう。大学では高校までと違って、複数の科目を全体としてどのようにコーディネートするかは学生自身に大きくゆだねられています。逆に言えば、各科目の担当の先生は、他の科目とのバランスを考えなくていいわけです（もちろん、全ての先生が自分のことだけを考えているわけではありませんが）。そんな状況で全部を完璧にこなそうとすると、全部の質が低下してしまうでしょうし、何か一つに力を入れすぎて他が全て落ちてしまうということにもなりかねません。

　学期末には複数の科目の課題が重なります。その状況で効率よくレポート課題に取り組むにはどうしたらよいでしょうか。そもそも複数の課題が重ならないようにするにはどうしたらよいでしょうか。ここではそのためのアドバイスを、いくつかの時期に分けて、挙げてみます。

学期の初めに準備しておくこと
・**課題提出が重ならないように、履修の段階から気をつける。**

　一般教養科目はたくさんの選択肢の中から選ぶのが一般的です。シラバス（講義要綱）を見ながら自分の関心で決めたり、周りの評判だけで決めたりするという人がほとんどでしょう。そこに、検討材料としてもう一つ、**課題提出の時期**を入れてみてください。同じ週に課題提出が重なると大変なことになります。うまくずらせるように検討してみるのもよいでしょう。欲張ってあれもこれもやろうとしてもうまくいきません。また、テスト科目とレポート科目のバランスも重要です。テスト科目ばかりになるとテスト勉強が大変なことになります。レポート科目をいくつか入れておけば、テスト期間の負担を軽減することができます。

・**課題提出の日程を手帳に書いておく**

　履修科目が決まり、それぞれの科目のスケジュールがわかったら、**課題提出の日程を手帳に書いておきましょう**。正確な日にちがわからなければ、おおよその時期を書くだけでも構いません。そうしておくことで長いスパンで自分のスケジュールを考えやすくなりますし、アルバイト

やサークルのイベントとレポート課題が重なるという事故が減ります。また、アルバイトやサークルのイベントの日程調整が行われるときに、「この週は避けてほしい」とあらかじめ言えればかなり楽になります。他の人の都合に従うだけでなく、自分の都合を人に伝えることも大切なことです。一度決まった日程を後から動かそうとしてもそれは難しいので、できる限り早く意思表示をしておきましょう。

・課題発表の日程はなんとなくで決めない

　授業内でのプレゼンを評価の対象とする科目も多いでしょう。その時の発表の日程は学生で相談して決めることも多いはず。そうすると、たいていの人が真ん中から後の方を希望します。しかし、単に後ろの方がよいと思って決めるのではなくて、**他の課題提出の日程と重ならない日程にする**ことも考えてみてください。一度に複数の課題をこなすのは、予想以上に大変です。後になればなるほどテスト勉強の期間やレポート課題提出と重なる可能性が高くなってきます。また、後になればなるほどハードルも上がります。そう考えると、他の課題と重ならないように**最初の方に発表しておく**方がおすすめです。

講義期間に気をつけること

・講義中にレポートのネタを考える

　最初の数回の講義中にレポートのことを考える人はあまり多くないでしょう。しかし、ここでレポートの準備をしておくと、後で大きな時間短縮になります。ただ、準備といってもそんなに時間や労力がかかるものではありませんし、難しく考える必要もありません。**講義を聞きながら、その内容を自分の好きなものや自分の経験、他の科目と結び付けて考えてみる**、そしてノートにそのことを書きとめておく。それだけで十分です。実際にレポートが出たときに、このメモがテーマ設定のために大いに役立ちます。また、この手法は論述式のテストの準備としても役立ちます。

　「講義中にレポートのことを考えておこう」と言われると、「そんな真

面目にはできない」と考える人もいるのではないかと思います。しかしここで私たちは「真面目な学生になれ」と言うのではありません。むしろ、**「せっかくだから楽しもう」** と言いたいです。先生の話が自分とは関係ないと思って聞くからつまらないわけで、自分の関心に引きよせてしまえば、退屈ではなくなるはずです。せっかくなので、楽しんでください。

・課題が出されていないか確認しておく

　課題が出ていたことを知らなかった、というのはよく耳にする失敗談です。課題が掲示板に貼り出されていたのに気づかなかった。課題が出された週にたまたま休んでしまった。遅刻してしまって聞けなかった。こんなことが意外と多く起こります。授業関係の情報が出される掲示板はこまめに確認しておくのがよいでしょうし、課題について情報共有しておく仲間をつくっておくことも大事です。

　ただし、友達から伝え聞いたことが間違っていることもあります。友達から聞いた提出日が間違っていたとしても、責任は自分にかかってきます。授業で配られたプリントや学内の掲示など、公式の情報でしっかり確認しておきましょう。

テスト期間、レポート作成期間に気をつけること
・最低ラインを設ける

　レポートに苦戦してテスト勉強の時間が全く取れなかった、とか、逆にレポートが面白くなってそっちに夢中になってしまった、などといった失敗は、多くの大学生が経験しています。テストとレポート提出の日は重なってしまうことが多いのですが、そのバランスはなかなかうまく取れません。このとき必要なのが、最低ラインを設けることです。これまで説明してきた通り、レポートは順調に進まないことも多くあります。そのため、テスト勉強の方に最低ラインを設けておくのがよいでしょう。

　まず、テスト勉強の準備のため、先生が「これだけは覚えること」と言った箇所など、大事なところをまとめておきます。その分の時間をとってから、レポートに取り組む。そうすれば、レポートの進み具合が

悪かったとしても、テストが壊滅することは避けられます。テスト勉強も意外と時間がかかります。前日にしようとすると失敗するので、覚える予定のもののリストだけでも、早い段階に用意しておくのがよいでしょう。

・レポートは、締切1日前には完成させるスケジュールを組む
　レポート課題のスケジュールを組む時、課題提出ギリギリまで作業を行うようなスケジュールを組む人を多く見かけます。しかし、それは失敗のもとです。前に説明した通り、提出直前のトラブルも考えられます。スケジュールを埋めてしまわないと時間がもったいないという人がいるのですが、テストが迫っている時期であれば、そこで1日空いた時間をテスト勉強にあててしまえばいいわけです。最低ラインのためのスケジュールを組んで、予備の時間を設けておくのが、レポートとその他のバランスを取るためには有効です。

・文献情報とページ数は必ず記録しておく
　文献からの正しい引用はレポートの基本となります。これができていないと剽窃とみなされ、厳しく処分されることになってしまいます。しかし、焦って資料を読んでいると、それがどの資料に書いてあったのか、何ページに書いてあったのか忘れてしまいがちです。それを探すのに何時間もかかってしまった、というのもよくある話。そうならないよう、時間がないときほど、ノートやメモを取るときには文献情報とページ数を記録しておきましょう。資料や本に付箋を貼りながら読んでいくのもおすすめです。

学期を通して気をつけること
・科目担当の先生を頼る
　何を書けばいいかわからなければ、先生に聞いてしまうという手もあります。ただし、ある程度考えてからの方がよいでしょう。全部他人任せにしている、自分の考えを持っていない、などと思われたら助力は得

られません。「どうすればいいですか？」ではなく、「こうしたいんですが、どんな文献がありますか」とか「こんなテーマをやりたいんですが、このレポート課題に合いますか」、などと聞いてみるとよいでしょう。「ここまで調べてこういうことがわかったのですが、うまく論につながっていきません」など、学んだ成果が提示できるとベストです。

・図書館職員やその他の学習相談窓口を頼る

　図書館のレファレンス・スタッフに相談することも、レポートの効率化につながり、うまくいかずにただ悩んでいるだけの時間を減らすのに役立ちます。「こんなレポートを書きたいのだけれど、基本の文献はどうやって探したらよいか」とか、「レポートでこういうことを論証しようとしていて、こういったデータがほしいけれど、そんな資料はあるだろうか」などと相談するとよいでしょう。

　また、多くの大学には学習相談の窓口が設けられています。皆さんの学費の一部はこういった設備にもあてられているわけですから、使わない手はありません。親切に対応してくれるはずです。

・同一テーマで複数のレポートを書く

　全く同一のレポートを複数の科目で提出するのは、もちろんルール違反です。しかし、全てのレポートを完全に別のテーマで書く必要もありません。**あるテーマで1本レポートを書き、同じテーマの別の側面を別のレポートで論ずる**というのであれば全く問題はありません。その場合、**下調べにかかる時間が省ける**ため、大きな時間短縮につながります。

　例えば、「裁判員制度」をテーマとして取り上げるとしましょう。法学のレポートでは制度の概要と法的根拠について論ずることができます。一方で、心理学のレポートでは裁判員に選ばれた人の心の負担について論ずることができるでしょう。さらに、教育学のレポートでは「裁判員制度を有効に働かせるために初等中等教育で何ができるか」といったテーマが設定できるかもしれません。もちろん、個別の科目の内容についてはそれぞれに勉強すべきところがあるわけですが、テーマについて

の下調べは共通しているため、時間・労力をかなり省くことが可能です。

　このアドバイスは、楽をしようとするための姑息な手段に見えるかもしれません。しかし、単一のテーマに結び付けて様々なことを考えることは、**大学生活のアカデミックな面を楽しむ**ことにもつながります。

　先に説明した通り、大学の授業科目は多くの場合バラバラで、そこに一貫性を見つけ出すのは簡単ではありません。大学の講義がつまらないと感じるのは、そこで学ぶことに一貫性を感じられないことが大きく関わっているとも言われます。バラバラな知識を一方的に与えられていると思うからつまらない。だったら、**それぞれの科目を自分の関心によって関連づけていけばいい**わけです。近年、大学では、学生を積極的に授業に参加させるにはどうしたらよいかと議論されています。それはありがたいことだと思いますが、それをただ受け取るだけというのはつまらないのではないかとも思います。「楽しませてもらおう」はでなく**「楽しんでやろう」**という態度の方が、きっと楽しめます。うまくいくと思います。興味や関心はただ待っているだけでは生まれません。自分がどんなことに興味を持てるのかを知るためにも、あるテーマについて何度も書いてみるというのは、まさにおすすめです。

3 ダメレポートを改稿する

　これまでの章を読んで、レポートへの取り組み方についてある程度わかってきたことと思います。ここでは次なるステップとして、実際に書き上げたレポートを改善していく作業を見ていくことにしましょう。

　頑張って書いたけれどどうも納得がいかない、ちゃんと書いたつもりなのに評価されない、そんな悩みをもって相談に来る学生は少なくありません。そんな状況に陥ったら、どうやって改稿していったらよいでしょうか。

　ここではまず、実際にレポートを読んで、何がダメなのかを考え、どうやったらそれを改善することができるのか、一緒に考えてみてください。自分の書いたレポートだと冷静に見られなくても、他人が書いたものであればまずいところが見つけられるものです。他人のレポートを客観的に読むことができなければ、自分のレポートを客観的に読むことも困難です。自分が上手に書けるようになるためにも、ダメなところを指摘してみましょう。

　なお、こういった作業は友達同士でもできます。レポートや論文は、個人的な作業だと思われがちですが、人の助けを借りてこそ、うまくなっていくものです。レポートを書いたなら、提出前に誰かに読んでもらうとよいでしょう。

(1) 事例1

　では、さっそく例を見てみましょう。次のレポートは、「演劇史」という科目を受講している相談者Aさんのレポートです。レポートの課題は、「前期の講義から1回を選んでテーマとし、2,000字程度で自由に論じなさい」というもの。Aさんはリアリズムをテーマに取り上げたようですね。いったいどこが問題でしょうか。問題点は複数あります。

授業のまとめ

相談者Ａ

　多くの女性は幻想的な演劇を好むが、私はリアルな演劇が好きである。リアリズムについて、Wikipediaにはこう書いてある。「19世紀フランスではロマン主義の風潮に対抗し、ギュスターヴ・クールベが写実主義を主張した（レアリスム宣言）。文学史上のリアリズムとしてはフランスのギュスターヴ・フローベールやオノレ・ド・バルザック、イギリスのチャールズ・ディケンズが知られる。近代日本では坪内逍遥が『小説神髄』で戯作や勧善懲悪を否定し、写実主義を主張した。」

　写実劇とは言うまでもなく、現実に即して客観的相戸で対象を忠実に描写する、いわゆる写実主義演劇のことである。イプセンが芝居に足を突っ込んだ十九世紀の中頃は「うまく作られた芝居」の全盛期であった。「うまく作られた芝居」というのは、世紀の初頭に演劇企業が自由化され、演劇の商業化が進むにつれ、そこから生まれてきたトリック万能の通俗劇で、フランス・ブルジョア喜劇の王者とうたわれたウジェーヌ・スクリーブ（1791-1861）が元祖である。人物もアクションもすべては機械の歯車で、主題と言えば金とか、地位とか、競争とか、ありふれた人生の産物ばかり。それがスター・システムなどという怪しげなものを生み出して演劇の本質的な魅力はもとより、芸術としての統一的な調和さえ破壊し、演劇芸術を大きな危機に追い込んでいた。演劇史の上では、この危機から演劇を救い出そうと最初に立ち上がったのがフランスの自然主義文学者エミール・ゾラ。そして、そのゾラが1881年に発表した論説「演劇における自然主義」が引き金になって発足したのがフランスの「自由劇場」、ドイツの「自由舞台」などという劇団で、これらの活動がいわゆる近代劇運動の原点ということになっている。

　1881年といえば、イプセンが『幽霊』を発表した年である。ということは、ゾラが自然主義を提唱して演劇の革新運動に乗り出したころ、イプセンはすでにリアリズム劇との闘いに大きな勝利を収めていた、ということである。戯曲のセリフをできるだけ日常会話に近づけていくことで現代と、現代人の生活をよりリアルに描き出そうと意識的に目ざした作家は、イプセンが最初だったと私は考えている。

　チェーホフも、イプセンと同じように、社会と人間の関係に関心を抱いていた。チェーホフは、それを悲劇のような形でまとめあげることはせず、あくまで「現実の生活」のままに描き出していた。それはチェーホフにおいて、芝居がかったものへの忌避の感情や、アンチ・クライマックス的な傾向として表れている。「あるがままの人生」を再現することこそが、チェーホフの目指した演劇だったのである。そうした作品は、一見無意味で面白みの無いものに思われるかもしれないが、「何かが起こっても、何も起こらない」。チェーホフが内面のドラマを展開させる独自の手法をもっていたことは疑いようもないだろうと、私としては考える。

どこが悪かった？

　いくつ見つかったでしょうか。たくさん問題が見つかったかもしれませんし、「これのどこがまずいの？」という人もいるかもしれません。まずは以下で確認していきましょう。

・何を問題とするのかが最初に明示されていない

　今このレポートを読んで、つまらない、よくわからないと思ったのならば、その感想は実に的確なものです。このレポートでは、何を論ずるのか、何を明らかにしたいのかが書かれていません。そのため、読んでいる方としては、筆者が何を言いたいのかわからずに文章を読んでいくことになります。何を論ずるのかはっきり書かれていない場合というのはたいてい、筆者が何を論じたいのかがはっきりしていない場合です。読んでいてもつまらないのは当然です。

　「このレポートでは●●について論じます」と宣言しておくことはとても重要です。「はじめに」で問題設定を明確にしておけば、読者にとっても親切ですし、ゴールをそこに持っていこうと考えることで、ブレない文章を書きやすくなります。

・定義や引用に字数を割きすぎている

　「なんとか字数を埋めなきゃ！」と思うと、どうしても物事の定義や、資料に書かれていたことの引用をだらだらと書きがちです。しかし、レポートで求められているのは「他の人がどう考えたか」ではありません。そのことについて正確に知っているかということが求められることもありますが、それ以上に大事なのは「客観的な資料をもとに自分がどう考えたか」ということ。定義に字数が割かれてしまうと、レポートを書いた本人が何を考えたのか、読む側に伝わらなくなってしまいます。引用するときには、なぜここを引用するのか、どこまで引用するのが効果的か、ということを必ず考えてください。字数が埋まるかどうかを心配する人も多いのですが、前に書いたように、アウトラインがしっかりできていれば字数は自然に埋まってしまうものです。

・引用の表記がなされていない

　この文章の3段落目（1881年といえば〜）は、文章がつながっていないので、違和感をもった人も多いのではないでしょうか。この箇所は、実はある文献からの引用です（原千代海『イプセンの読み方』、岩波書店、2001年、40〜41頁）。ここで相談者Aさんは、他人の考えを自分の考えかであるかのように記述してしまっているわけですが、これはまさに「剽窃」です。「うっかり引用情報を書き忘れてしまった」ということも通用しません。他人の書いたものを使わせてもらうときには、丁寧に、誠実に、正確に、引用の情報を示しましょう。

・誤字がある

　2段落目の「客観的相戸」は「客観的態度」の間違いでしょう。"taido"と打とうとして"t"が抜けてしまったのだろうと思います。ほんのちょっとの間違いに思えるかもしれませんが、誤字や脱字は一つあるだけで、それが真剣に書かれたものではないのだろうという印象を与えます。書き終えたら一度印刷して、読み上げて確認しておきましょう。

・主観的な発言が見られる

　レポートは、客観的な証拠に基づいた論理的な議論で貫かれていなければなりません。そこに「私は〜」という言葉が出てくる、すなわち筆者の個人的な感想や意見が混入してしまうと、客観的な議論が台無しになってしまいます。「私は〜」、「〜思う」など、主観的な発言だと見なされる言葉は控えた方がよいでしょう。

・字数が大幅に不足している

　「〜字程度」とあったときの字数の目安はプラス・マイナス1割程度です。今回は2,000字程度とあるので、目安は1,800〜2,200字です。A4用紙は1枚あたり1,200〜1,600字程度の分量です。この例はタイトルの部分を入れて1枚で収まってしまっていますので、1,600字未満であることが見た瞬間にわかってしまいます。

・Wikipediaからの引用がある

　Wikipediaはちょっと調べごとをするときにとても便利です。しかし、誰が書いているのかわからないため、情報の信頼性が低いという欠点があります。また、誤った記述が放置されているという可能性もあります。そのため、Wikipediaからの引用は、レポートでは厳禁です。

・タイトルが具体的な内容を示していない

　タイトルは読者が最初に読むものであり、筆者が最後に考えるものだと言われます。レポートの本文を一通り書き終えた後、そのレポートで何が言いたかったのかを簡潔に伝えるタイトルを考えましょう。

こんなふうに直してみよう

　上で指摘したことを参考に、このレポートを直していくとしたらどうしたらよいでしょうか。以下にアドバイスを挙げてみます。

・何が言いたいのかを一言で示してみる

　このレポートで何が言いたかったかを、まずは整理してみてください。今回の例では、イプセンがリアリズムの発展形であること、そしてチェーホフが完成形であることを示したかったようです。それならまず、「はじめに」の部分で講義のまとめや一般論を説明して、その上で問題意識を書くというのがよいでしょう。すっきりと整理されますし、本当に論ずるべきことに字数が割けるようになります。また、ここで考えたことがタイトルを考えることにもつながっていきます。

・理由をまとめ、アウトラインを作る

　Aさんが出した答えは、「イプセンはリアリズムの発展形である」、「チェーホフはリアリズムの完成形である」、の二つに分けられます。これらを支える理由を、まずは考えていきましょう。

　イプセンについてAさんは、①日常会話を描いたこと、②現代社会の問題を描いていること、を理由として考えました。これですっきりとし

た議論が一つ完成します。「イプセンは日常会話を描き、現代社会の問題を描いているため、リアリズムの発展形だと言える」というわけです。今回の場合、この作業をチェーホフについても行えば、全体像が見えてきます。まずはこうしたアウトラインを作ってみてください。

・理由を客観的証拠で支える

　しかし、理由だけが示されたとしても、それで十分とは言えません。「イプセンは日常会話をどこで描いているの？　本当に書いているの？」とか、「イプセンはどこでどんな現代社会の問題を描いているの？」という質問に対して答えられるよう、「ここでこう言っているんだ」という客観的証拠を用意しておく必要があります。理由までは他人の著作を読んでも書けるかもしれませんが、証拠を見つけるとなると、やはり作品そのものを読んでいく必要があります。

・客観的証拠を効率よく探す

　アウトラインはできたけれど客観的根拠に乏しい、となったらどうしましょうか。その場合、まずは論拠を補強してくれる資料をさらに探していくのがよいでしょう。論拠を探そうとする意識を持てば、今回では例えば「イプセンが意識していた現実社会の問題にはどんなものがあったか」とか「チェーホフのリアリズム的なところはどこだろう」といった視点で資料を読んでいくことができます。そうすると資料の読み込みは闇雲なものではなくなり、レポートに取り組む効率は上昇します。

書き直したレポート

　アドバイスをもとに、Aさんは次のように書き直しを行いました。大幅に改善されていることを、まずは確認してください。ただ、この改稿にも改善点は残っています。どこを直せるかということも、考えてみてください。

リアリズムの観点から見たイプセンとチェーホフの差異

相談者A

1．リアリズム演劇とは

　リアリズム演劇とは、対象を客観的にとらえ現代社会を忠実に再現することを目指した演劇である。近代劇の父と親しまれ、リアリズム演劇の発展とされるイプセンは、どういった点でそう言えるのだろうか。またリアリズム演劇を完成させたというチェーホフは、なぜ完成と言えるのだろうか。二人の演劇に対する考えの違いから考察する。

2．イプセンのリアリズム

　イプセンは、「日常会話の形式で現代と現代の人間をできるだけリアルに描いていこうとリアリズム劇に挑戦」[1]した作家である。リアリティを追求したイプセンの戯曲「人形の家」は、主人公ノーラが、夫を救うために内緒で借金し、文書を偽造するが、夫がそれを裁いたためにノーラが結婚を解消して家を出て行く、というストーリーをたどる。イプセン自身によると「真面目で、結婚に関する現代の諸問題を扱った家庭劇そのもの」[2]である。

　イプセンには、「女性は、現代社会では独立の人格となり得ない。この社会はまったく男性のものであって、男性の立場から女性の行動が裁かれる」という問題意識があり[3]、「人形の家」完成の翌年には、ローマの北欧協会で、協会の図書室に女性係員を採用することと、女性に投票権を与えることを提案した[4]。このことから、「人形の家」は市民道徳批判の演劇であり[5]、その目的は女性の権利という現代的問題を描き出すことであったと言える。

　次作『幽霊』における台詞でも「わたくしは自由になりたい、自由になりたい！」とアルヴィング夫人が叫ぶが、これもまた当時の社会への問題意識から出た台詞であろう。これらの演劇では、「私たちの見慣れている近代的市民生活の底流になっている問題が、イプセンによって見事に抽出され、描写されている」[6]のである。つまり、イプセンにとって演劇とは現代社会の問題を、日常的な衣装や台詞によって描き出すことであったと言える。

3．チェーホフのリアリズム

　では、チェーホフはリアリズム演劇に対してどういった考えを持っていたのだろうか。リアリズム路線を世界に広めた作品とされる「かもめ」[7]の戯曲を読んでみると、舞台上で

---

[1] 原千代海『イプセンの読み方』、東京：岩波書店、2001年、41頁。
[2] 完成前の7月4日、イギリスの文芸評論家エドマンド・ゴス宛て書状。イプセン、ヘンリック『人形の家』、原千代海訳、東京：岩波書店、1996年、182頁。
[3] 同書、178頁。イプセンによる「現代悲劇のための覚え書」において。
[4] 同書、179頁。
[5] 毛利三彌『イプセンのリアリズム　中期問題劇の研究』東京：白鳳社、1984年、238頁。
[6] 菅井幸雄『リアリズム演劇論』第二版、東京：未来社、1966年（第二版1968年）、38頁。
[7] チェーホフ、アントン『かもめ』、浦雅春訳、東京：岩波書店、2010年。

は何も起こらない。トレープレフの自殺、ニーナの赤ん坊の死といったことが起こるが、それらは舞台裏で起こった出来事である。このような「何も起こらない」演劇については、「そのすばらしさは、それがせりふでは伝えられずに、そのかげに、あるいはその間のうちに、あるいは俳優の眼差しのうちに、彼らの内的な感情の放出のうちにかくされていることにある」[1]と言われる。チェーホフが描きたかったのは、イプセンのように現代社会の問題ではなく「内的な感情の放出」、つまり内面そのものにあったのだろう。

　チェーホフは、「かもめ」の舞台稽古について「演技はもっと少ないほうがいい。まったく単純にすべきです。そう実生活でふつうにやるようにね……」と漏らした。このように演じることをなるべく減らそうとしたことは、芝居がかったものへの忌避や、アンチ・クライマックス的な傾向と通じており、舞台の筋ではなく内面を見せることを目指したことを意味している。起きるように仕向けられた出来事ではなく、実際に起こっているように見える出来事を描き、内面を描き出すことが、チェーホフの目指した演劇だったのである。

4．まとめ

　以上をまとめると、イプセンにとって演劇は現代の諸問題を扱うものであった。独立した人格となりえないノーラや、欺瞞の社会に巻き込まれてしまうアルヴィング夫人などを、日常会話で描くことで現代社会の問題をあぶり出した。「人形の家」が、日本を含め女性解放を訴えるものとして受け入れられたこと[2]を考えると内面より行動が描かれていると言ってよいだろう。実際、ヘルメルが必死で自分の論理を説いてもノーラが家を出て行く行動はとても印象的であり、当時の女性の地位の低さを考えればなおさら鮮明な行動である。

　それに対してチェーホフが一見何も起こらない演劇で表現しようとしたのは内面そのものであった。演劇を作り出すはずの「行動」なき演劇は、内面を描き出すための装置である。そういった意味で、内面をより描き出すことに成功したのはチェーホフである。イプセンは演劇を日常に近づけ、その問題を描いたが、チェーホフはさらに演技をも日常に近づけ、「何も起こらない」演劇を目指すことで実際に起こっているように描き、内面をより表現できた。この意味でチェーホフはリアリズム演劇を完成させたと言える。

(2,069 字)

参考文献
イプセン『人形の家』、原千代海訳、東京：岩波書店、1996 年。
菅井幸雄『リアリズム演劇論』第二版、東京：未来舎、1966 年（第二版 1968 年）。
チェーホフ、アントン『かもめ』、浦雅春訳、東京：岩波書店、2010 年。
原千代海『イプセンの読み方』、東京：岩波書店、2001 年。
毛利三彌『イプセンのリアリズム　中期問題劇の研究』、東京：白鳳社、1984 年。

---

[1] 同書、166 頁。
[2] 原、前掲書、50 頁。

どこが良くなった？

　前回のレポートでは節が全く分かれていませんでしたが、今回は四つに分かれています。それらは、1が序論、2・3が本論、4が結論となっていて、論証の過程が見違えるほど明確になりました。また、1での問題提起もはっきりとわかりやすく書かれています。定義は簡単にすませる程度で、2・3の論証部分に厚みが出ています。議論を補強するための客観的証拠も的確に書かれていますし、何より引用のルールがしっかりと守られています。字数も2,069字と、適切です。このレポートであれば、先生も納得して読んでくれるのではないでしょうか。

さらに良くするために

　今回のレポートで今後の課題となるのは、孫引きについてでしょう。孫引きとは、出典の大元を自分でたどることをせずに、別の人が引用しているものから引用してくることをいいます。他の人が引用する際の写し間違いの可能性もないとは言い切れませんので、大元まで遡って引用するのが大原則です。今回のレポートは一般教養科目の課題を想定したものだったので、孫引きについては甘く見ています。しかし、3・4年生の課題や卒業論文では、孫引きも極力減らしていくべきでしょう。

(2) 事例2

　事例1を見たことで、レポートのダメな点を見る目も鍛えられたのではないかと思います。ここでもう一つ確認して、批判的な視点を定着させましょう。今回の相談者Bさんは、Aさんと同じ課題に挑んでいます。ただ、Bさんはテーマにシラーを取り上げたようです。BさんはAさんよりも文章を書きなれているようですが、それでも改善すべき点は複数あります。

シラーにおける演劇と革命の関係

相談者B

　演劇におけるリアリズムの始まりは、シラーによる『ヴィルヘルム・テル』である。その理由は、『ヴィルヘルム・テル』の主人公テルが庶民として描かれており、それまでの古典的な悲劇で描かれている高貴な人々や英雄の姿とは異なっているからである。とはいえテルは、単なる庶民ではなく「庶民の英雄」として描かれているため、必ずしもリアリズム的な要素を徹底しているとは言えないのではないか。そのように中間的な位置づけを与えられている『ヴィルヘルム・テル』を考察し、シラーが本作を生み出した背景や、リアリズム的な作品を生み出す要因となったものを明らかにしていきたい。

　『ヴィルヘルム・テル』にはフランス革命を意識した点が多々見られる。確かに作中では、圧政に対する民衆の蜂起や、民主主義的な共同体の結成、自由と平等の宣言など、革命のモチーフが用いられている。テル自身が庶民の英雄として描かれているのも、こうした革命の要素が背景にあるからだろう。

　当時ハプスブルク家は、神聖ローマ皇帝アドルフの時代に強い自治権を獲得していたウーリの支配を強めようとしていた。ヘルマン・ゲスラー代官は、その中央広場にポールを立てて自身の帽子を掛け、その前を通る者は帽子に頭を下げてお辞儀するように強制した。しかし、テルは帽子に頭を下げなかったために逮捕され、罰を受ける事になった。ゲスラーは、クロスボウの名手であるテルが、テルの息子の頭の上に置いた林檎を見事に射抜く事ができれば彼を自由の身にすると約束した。テルはクロスボウから矢を放ち、一発で見事に林檎を射抜いた。しかし、矢をもう一本持っていた事を咎められ、「もし失敗したならば、この矢でお前を射抜いて殺してやろうと思っていた」と答えた。ゲスラーはその言葉に怒り狂い、テルを連行する。しかし彼はゲスラーの手を逃れ、姿をくらましつつゲスラーを陰から狙撃し射殺。町へ戻った彼は英雄として迎えられ、この事件は反乱の口火を切り、スイスの独立に結びついた、というストーリーである。

　シラー自身は、暴力・恐怖・無秩序に繋がった革命の現実に対して批判的な態度もとっており、この劇はそうしたシラーの微妙な態度や政治意識のようなものが表れているとして、もっぱらシラーの思想表明という側面で解釈されることが多かった。

　濱中はこうした解釈の流れに対して異を唱えている。シラーは、大衆演劇としてこの作品を制作しており、そのことは書簡などから汲み取ることができる。シラーは、「大衆に好まれるようなわかりやすく感性に訴えかける劇にすることを求め」ていたのである。シラーの思想表明をそこに第一義的に見て取るべきではない、という主張なのだろう。

　しかし、その二つの要素は果たして分離できるものだろうか。大衆の蜂起こそが革命の原動力だったのであり、シラーが大衆演劇を描こうとしたことは、その意味では革命への政治意識と結びついているように思える。濱中自身が指摘しているように、テルは弓を持

1

ち帽子を被ったイコンとして登場する。弓は蜂起を意味し、帽子は自由を意味するイコンとして流通しているため、まさにテル自身が革命の象徴として受け取られることが前提となっているのである。

　シラーと革命の関係を考える上では、直接的に革命を称揚していなくとも、間接的に革命が生み出したような（あるいはその原動力になったような）民衆やブルジョワの熱狂を煽ってしまっているのではないか、という可能性を考えることが必要なのではないか。シラーの場合は、「国民作家」という名声が与えられていることからもわかるように、「大衆」との関係が特に重要になる。

　シラーがどのような態度で作品を作り、国民作家として受け取られるようになったのかを考える足がかりとして、ゲーテを参照してみたい。ゲーテとシラーの出会いは、ヴァイマル古典主義という文学潮流を作り出し、シラーの作風にも影響を与えたと考えられるからである。ゲーテは当初からフランス革命に対して否定的な立場を貫いており、革命後の凄惨な状況を受けてさらにその立場を強めたと言われている。ゲーテとシラーが出会ったのは 1794 年であり、それは革命が最も過激になっていた時期の終わりごろにあたる。芳原政弘『ゲーテとフランス革命』によれば、ゲーテとシラーの二人の連帯は、個人的な友情関係というよりは、こうした時代背景への対応のための連帯と捉えるべきであるらしい。当時のヴァイマルはバーゼル平和条約によって一時的な平和状態、いわば戦乱の中のオアシスのような状態であり、そのことがヴァイマル古典主義における純粋な人間性を強調する思索を可能にしたのである。

　ゲーテは、ドイツにおいて古典的な散文作品が貧しいとされていた当時の状況に対して、ある反論を行なっている。それを要約すれば、古典的国民作家というのは、政治的な状況と国民精神が一致していて、作家自身がその国民精神に貫かれているような場合に生まれうるということになる。ゲーテは当時のドイツの状況を、地理的には統一されていても政治的には細分化されている状況と考えている。つまり国民作家が生まれるような土壌ができていないということを示唆しているようだが、それをネガティブには捉えていない。国民作家を生むために革命を望んだりはしない、と彼自身述べているように、徹底して革命には否定的な態度なのである。

どこが悪かった？

・何が言いたいのかわかりづらい

　このレポートは、書きたいことがはっきり書かれているようで、実は書かれていません。はじめに立てた問いに結論部分で答えられていないというのが、大きな問題です。「シラーが本作を生み出した背景や、リアリズム的な作品を生み出す要因となったものを明らかにしていきたい」と書いてあるものの、この問いに対して解答が与えられていません。

　レポートで言いたいことというのはなかなか伝わらないもので、「書いたつもり」では不十分です。読む人に確実に伝えるには、はっきりと明示する必要があります。レポートの一番大事な部分なので、自信をもってはっきり書きましょう。また、結論部でその答えが書けているかどうかを、提出前に確認することも重要です。

・全体の構成がバラバラになっている

　はじめに立てた問いに対して結論部分で答えられていないということは、全体の構成がバラバラになってしまっているということです。まずは問いと答えとその理由、客観的根拠を考え、アウトラインを作りましょう。アウトラインに沿って論述できれば、全体の構成も理路整然としたものになります。

・言葉の定義がなされていない

　このレポートでテーマになっている「リアリズム」の定義が明示されていません。このままだと、せっかく提示した問いが曖昧なものになってしまいます。「授業で扱われた語だし、先生は当然リアリズムについて知っているはずだからそのまま使って大丈夫だろう」という判断があったのかもしれません。しかし、Bさんが理解している「リアリズム」が先生の考える「リアリズム」と同じかどうかは、説明されなければわかりません。授業で出てきた定義を使うのだとしても、それを改めて提示した方がいいでしょう。

・出典がきちんと明記されていない

　これはAさんのレポートと同じです。どの資料のどの部分を参照して書いたのかを明示しておく必要があります。繰り返しますが、「コピペじゃないから大丈夫」というわけにはいきません。

・客観的証拠が十分でない

　Bさんのレポートには、主観的な意見に見えてしまうところがいくつかあります。例えば、「シラーが大衆演劇を描こうとしたことは、その意味では革命への政治意識と結びついているように思える」とありますが、なぜそう思えるのか、という客観的証拠が提示されていません。「シラー自身●●と述べている」といった形で、証拠を積み上げていく必要があります。

こんなふうに直してみよう

・アウトラインを作る

　Aさんへのアドバイスと同じですが、やはりアウトラインは大事です。まず「結局このレポートで何が言いたいのか」ということをはっきりさせましょう。それを最初に提示して、それを論証するために理由や客観的根拠を積み重ねて、議論を作っていきます。

　Bさんがこのレポートで一番言いたいことは、「シラーは単純にリアリズムという言葉で片付けられるものではない。そこには政治性への微妙な配慮が含まれている」ということのようです。その主張を中心として、今まで集めた資料をチェックし直してみるといいでしょう。主張を支える理由や客観的根拠が見つかるはずです。

・演劇史を演劇作品の中だけで考えない

　今回のレポートは「演劇史」の課題で、演劇が中心に扱われます。そうすると多くの人は演劇作品だけでレポートを考えようとするのですが、もう少し視野を広くしてみるのもよいでしょう。Bさんは革命との関係を考えていますが、本文では十分に検討されていません。作品のことに

ついて扱われた文献だけでなく、シラーが生きた時代の歴史について扱った文献を読んでみるのもよいでしょう。文学関連のレポートだからといって、そこに歴史的な知識を入れてはいけないということはありません。

　このことは、他のレポートについてもいえます。例えば、教育学のレポートについて取り組むときに、経済学の文献を資料として扱うのもよいでしょう。経済学のレポートに取り組むときに政治学の文献を用いることもできます。あるテーマを決めたとしても、そこは、政治的、経済的、文化的な、様々な背景があります。その背景を別の分野に学ぶのは、とても有効です。

書き直したレポート
　アドバイスをもとに、Bさんは次のように書き直しを行いました。大幅に改善されていることを、まずは確認してください。ただ、この改稿にも改善点は残っています。むしろ、Aさんのレポートに比べて、改善すべき点が多く残っているといえるかもしれません。これまでの復習も兼ねて、改善すべき点を指摘してみてください。

シラー『ヴィルヘルム・テル』と民衆の自由

相談者B

序

　本論は、18世紀ドイツの文学者シラーの『ヴィルヘルム・テル』を取り上げ、大衆性や政治性についてのシラーの考え方を明らかにすることを目的とする。『テル』は一般に、演劇におけるリアリズムの始まりだと言われているが、リアリズムの観点からの解釈を重視しすぎると、『テル』の持つ政治性への微妙な配慮などが捨象されてしまうことになる。なお、ここでのリアリズムとは、それまでの古典的悲劇で描かれていたような高貴な人々や英雄ではなく、現実の庶民の生活を活写することに重点が置かれるという意味である。以下では、一面的な解釈を避けるために、シラーの置かれていた状況や彼の意図を考察する。

1．民衆劇としての『テル』

　ジークリット・ダムの『フリードリヒ・シラーの生涯』によれば、シラーは『テル』において初めて、明確に観客のほうに目線を向けるようになった。同書において引かれているシラーの書簡によれば、シラーは『テル』を「民衆劇として観客の心と感情をとらえるようなものにしようと思っている」ようだ(p.516)。そしてそれは、劇場効果を狙った演出や舞台の仕掛けによって可能になるとシラーは考えていたようだ(p.517)。

　また、内容面では、『テル』はスイスの独立戦争を題材にしており、実際の事件とその中で生まれた伝説とをうまく混ぜあわせて物語が作られている。シラーはスイスを実際に見てはいないが、スイス関係の資料を数多く集め、ディティールにもこだわって作品世界を作っていたようである。こうした題材の面だけでシラーの革命への態度がどのようなものだったのかを断定することは難しいが、肯定にせよ否定にせよ、少なくとも何らかの政治的な意図が作品に反映されていると見ざるをえないように思われる。

2．民衆劇の方法としての「自由」

　そのような『テル』の政治性について考える上では、直接的に革命を称揚していなくとも間接的に革命が生み出したような（或いはその原動力になったような）民衆やブルジョワの熱狂を煽ってしまっているのではないか、という可能性を考えることが必要ではないか。シラーが民衆から歓迎され、「国民作家」という名声が与えられるまでになったのは、同時代的に非常に切実な問題だった「自由」について作中で描いたからではないか。自由を描くことは、観客を熱狂させると同時に、危うい政治性をはらむことにもなった。

　先述のダムの文献によれば、やはり人間の諸権利を謳いあげるシラーの作風は、政治的に危険なものとみなされる可能性があり、そのことで親しい相談相手から自粛するべきとの助言を受けていたようだ(p.526)。シラー自身、自主的な検閲を入念に加え、作品の価値

を保てる限界まで危険な表現を削除している。このような自主的な検閲ができるのは、ほとんど自覚的にそういった要素を盛り込んでいたからであると思われる。たとえばダムによれば、「政治的内容と時局性をシラーは明らかに意図し、意識的に計算に入れていた」のであり、「『ヴィルヘルム・テル』によって彼は『人々の頭をふたたび熱くさせたいと考えていた』」とさえ言えるのである。

3．政治性への配慮

シラーが民衆劇を作りつつもあくまでも革命そのものには懐疑的であり、自由の復権を純粋に求めていただけだという点には注意しなければならない。たとえばそのことは、フランス革命に一貫して否定的な態度をとっていたゲーテとの交流の中にも見出すことができる。ゲーテによれば、古典的国民作家というのは、政治的な状況と国民精神が一致していて、作家自身がその国民精神に貫かれているような場合に生まれうる。とはいえ、彼は国民作家を生むために革命を望んだりはしないとも述べており、徹底して革命には否定的な態度である。こうした革命への否定的な態度についてはシラーも同様であり、前述の自主検閲をシラーとゲーテが協力して行ったことからもそれが伺える。しかしシラーは、「自由」という、民衆が求めてやまないものを主題化し描いたことにより、「政治的な状況と国民精神の一致」を実現してしまったために国民作家として迎えられることになる。

結

ここまで見てきたように、『テル』は民衆劇としての完成度を高めるために、演出上の工夫を行うと共に、「自由」という民衆的なテーマを扱っていた。そしてその主題を描き出すためには、政治性を帯びざるを得ないところがあった。とはいえ、『テル』と革命との関係を強く強調しすぎるのは、解釈を歪める原因となる。シラーが求めたのはあくまでも「自由」の復権や権利の主張であり、革命を直接的に煽動し肯定するといった政治的な目的で『テル』が作られたわけではない。むしろシラーは政治性を自らの民衆劇のクオリティのために利用したのである。その証拠に、シラーは何度も自主検閲を重ね、何人かの相談相手に原稿をチェックしてもらうことで、危険な要素をできる限り削除しようとしている。

シラーが描きたかったのは自由を求める民衆の姿であり、『テル』には民衆のための劇を作りたいという純粋な動機が現れている。シラーが国民作家として受け入れられる所以はここにある。一面的な解釈では、そうしたシラーの純粋さが損なわれてしまうのである。

参考文献

芳原政弘『ゲーテとフランス革命』、行路社、2003年。
青木敦子『シラーの「非」劇』、哲学書房、2005年。
濱中春「革命の図像学」梅沢和之編『仮面と遊戯—フリードリヒ・シラーの世界』、鳥影社ロゴス企画部、2001年、49-70頁。
ジークリット・ダム『フリードリヒ・シラーの生涯』、中村元保・渡邊洋子訳、同学社、2009年。

どこが良くなった？

　何が言いたいのかが最初にきちんと示されており、全体の構成もそれに合わせて整理され、分節化されています。レポートとしての形が整ったと評価できます。

　Bさんは形式を整えている最中に、論理的でない部分や曖昧な部分、証拠が足りない部分を見つけ、修正を行っていきました。資料を読み、議論を組み立て（アウトラインを作り）、足りない部分の資料をもう一度探していくというプロセスで、効率よく改稿できたわけです。**論理の形式がしっかり整っていないと、自分が何を書くべきで、何を書けていないのかが見えてきません。**

さらに良くするために
・引用の仕方がもう一歩

　今回は注を簡略化していますが、前半の『フリードリヒ・シラーの生涯』については、これで十分です。文献を地の文に記したうえで「(p.516)」のように書いておけば、どこから引用しているのかはっきりとわかります。

　しかし、後半部分は引用が雑になってしまっています。例えば、3節のゲーテに関するところは、それがどの文献からの引用なのかがはっきりしていません。参考文献として明示していたとしても、文献が複数挙がっていれば、どの著者のどの本からの引用なのかが、読んでいる側にはわかりません。もう一歩丁寧に注をつけていく必要があります。

・自分の主張と対立する主張に丁寧に応答する

　今回の改稿では、『テル』をリアリズム演劇として捉える見方に対して、それではシラーの意図が見失われてしまう、という議論が示されています。しかし、『テル』をリアリズム演劇として捉える議論についての説明が少ない印象を受けます。自分の主張だけを前に出すと、それが論理的なものだったとしても、公平さを欠き、信頼性が薄くなってしまいます。今回は字数制限の関係もあってカットしたのかもしれませんが、

今後より長いレポートや卒論に取り組むときには、自分と対立する議論についても理に適っている部分を誠実に評価し、その上で自分なりの応答をしていきましょう。

・様々な研究のアプローチを考える

　今回のレポートでは作品そのものというよりも歴史的な背景が論じられました。そのため、文学だけに留まることなく、より広い視野で分析が行われています。ただ、今回参考文献として挙げられたのは、文学研究の文献でした。別の分野の研究を利用することができれば、より質の高いものになったと思います。

　他の科目で学んだことを生かすことを考えてみるというのもいいでしょう。1・2年生の一般教養科目では、多様な科目を履修することになります。レポートをその科目の内容だけで考えるのでなく、視野を広げて考えてみると、結果的に資料探しの手間が省け、効率よく取り組めることもあります。

・孫引きには注意

　これはAさんと同じです。孫引きはなるべくなくすようにしましょう。

・字数を書いておく

　Bさんのレポートには字数の表記がありません。字数は必ず書かなければならないというものではないのですが、今回のように字数制限がある場合には書いておくと丁寧です。

・参考文献一覧の順序に配慮する

　参考文献は、著者名の五十音順（欧文の場合はアルファベット順）に配列するのが一般的なルールです。

4　書評レポートの書き方

　大学で取り組む課題の一つに「書評レポート」があります。多くの場合、評論や学術研究などが課題図書として選ばれます。それを読んで批評を行い、レポートにまとめるというものです。このような課題を出された学生からは、「どう書けばいいのかわからない」という相談を多く受けます。本を紹介し、評価するというのは、ほとんどの学生にとって初めての経験ですので、確かに難しいことだろうと思います。

　こうした課題には、1冊の本を読み通してほしいという先生の期待が込められているのだろうと思います。インターネットにアクセスすれば様々な情報が手に入る今日では、1冊の本を読み通す機会は減っているでしょうから。ある一つの視点で書かれた1冊の本を読み通すことからは、多様な観点がバラバラに浮かんでいるインターネットの情報をサーチすることとはまた違った経験が得られます。

　また、こうした書評レポートは、卒業論文を書くときの基本になります。入ゼミ選考で書評レポートが課されることも多いようですが、それは、卒論のために書評の基本ができていてほしいという、先生からのメッセージだといえるでしょう。レベルの高いレポートや論文を書くために必要なものですので、書評レポートも単に一つの課題としてではなく、そこから先の自分の学びのために生かすためのものとして取り組んでみてください。

（1）書評レポートってどんなもの？

　ある程度レポートの書き方が身についてきた人でも意外とつまずくのが、この書評レポートです。本の内容を要約すればよい、あるいは感想を書けば良い、と考えている人が多いようですが、それでは不十分です。書評レポートとは、**自分がその本を読んだ上でどのように評価したかを書いたもの**です。特にこの評価の部分がポイントです。

読書感想文とは違う

　書評レポートは読書感想文とどこが違うのでしょうか。読書感想文であれば、「自分はこう思った」、「自分はこう感じた」という主観的な「評価」でかまいません。しかし、書評で求められる「評価」とは、客観的なものです。**客観的に書かなければいけない**ということはレポート一般に言えることなのですが、書評レポートの場合には忘れてしまう人も多いところです。この点については改めて確認しましょう。

販売目的のおすすめ本紹介とも違う

　また、書評レポートは、雑誌や新聞で見かけるような、販売目的のおすすめ本紹介とも異なります。確かに、おすすめ本紹介には、本の内容紹介とその本の評価が含まれています。しかし、おすすめ本紹介は多くの場合、その本を持ち上げるだけになってしまっています。その本の欠点や不十分なところを見つめたものにはなっていないわけです。一方で、書評レポートでは、**その本の問題点や限界、不足しているところなどを指摘することも大事なポイント**です。

ポイント

・書評レポートに必要なのは、本の内容紹介＋内容に対する客観的な評価

（2）書評レポートの構成

　書評レポートに必要なのは、本の紹介と本の内容に対する客観的な評価だと書きました。これをもう少し詳しく解説しながら、書評レポートの構成について説明していきます。

本の紹介ってどんなこと？

　ここで言う「本の紹介」とは、**①筆者の目的（その本で筆者が何をしようとしていたのか）**、そして**②その目的のために具体的に何をしたのか**、

の二つを満たすものです。単に、「ライフヒストリーについての本」とか、「大学新入生がどんなふうに大学になじんでいくかを書いた本」というだけでは、充分ではありません。

　新しく本が書かれるということは、従来の研究や従来の本には不十分な点があった、ということを示しています。今までの本と変わりがないなら、わざわざ途方もない労力を費やして本を書く意味はないわけです。**今まで行われてこなかったことを行う**。そうした目的がどの本にもあるはずです。それを、課題となった本の中から見つけてください。

　そしてその上で、その目的を達成するために筆者がどんなことを実際に書いているのかをまとめていきます。あるテーマについて、筆者は**どんな方法で取り組んでいる**のでしょうか。**どのような対象について論じている**のでしょうか。掲げられた目的のためにはたくさんのことを行わなければならないのですが、1冊の本でできることは、実は限られています。どのような方法で行ったのか。どのような対象、時期、国や地域に絞っているのかを考えながら、まとめていってください。

ポイント

書評レポートのための本の紹介に必要なのは
・筆者の目的（その本で筆者が何をしようとしていたのか）
・その目的のために筆者が具体的に何をしたのか

「本の内容に対する客観的な評価」って何をすればいいの？

　単に「客観的な評価をしなさい」と言われても、何をどうすればいいのか難しいと思います。そこでまず、先ほど確認した「筆者の目的」を思い出してください。筆者にはやりたいことがあったはずです。それはその本の中で十分に達成できているのでしょうか。**筆者は自分の目的をどれだけ達成できているのでしょうか**。本に対する評価をしようとしたときに、中心的に考えなければならないのが、まさにこの点です。

　この時、**本全体の構成に気をつけて**ください。一つの目的を達成する

には、いくつかの論点が必要です。それは章ごとに違ったものが提示されていることもあれば、章をまたいで提示されていることもあります。こうした筆者の論点を、本全体を見渡して明確にしておきます。なお、論点のまとめとしては、一つだと全体の構造がうまくつかまえられませんし、あまり多すぎても収拾がつかなくなります。三つ程度にまとめておくとわかりやすくなるでしょう。

　こうして、目的と論点が明らかになったなら、それらについてじっくり批評していきます。筆者のとった方法は適切なものだったのでしょうか。調査した対象、検討した時代、国や地域は、適切なものだったのでしょうか。筆者の論理展開は十分に納得のいくものでしょうか。何か見落としている点や例外はないでしょうか。こうして**出てきた疑問を手がかりに筆者の論を検討**していきます。

　そこではいろいろな評価が可能です。肯定的にも否定的にも評価することはできるでしょう。ただ、そこで重要なのは、筆者の達成できたこと、できなかったことを明確にすることです。それがはっきりしていれば、書評の要件は満たすことができるでしょう。

ポイント

・本を客観的に評価するには、「筆者が目的をどれだけ達成できているか」を考える

（3）書評レポートの失敗例

　ここで、よくありがちな書評レポートの失敗例を見てみましょう。失敗例を見ることで、「書評レポートとは何か」がさらによくわかると思います。

要約でほとんど終わってしまう

　最も多い失敗の一つが、「字数を埋めなきゃ！」ということにばかり気が向いてしまい、要約や引用だけで全体の7〜8割が埋まってしまうと

いうようなパターンです。先に書いた通り、書評レポートでは本の内容に対する評価が大事なポイントですので、この割合はむしろ逆であるべきです。要約は多くてもレポート全体の2〜3割として、残りを評価のための議論に割り振るのがよいでしょう。筆者の言いたかったことを手短にまとめて、その主張や、主張を支える議論がどのように評価できるかを、じっくり論じていく必要があります。

「勉強になった」アピールになってしまう

　要約だけでほとんど終わってしまう例と重なることも多いのですが、自分の意見が「この本はぜひ読むべき本だ」とか、「この本を読んでとても勉強になった」といったことしか出てこない例です。課題図書だからとにかく褒めなければ、と考えた結果のことだと思うのですが、書評にはなっていません。よくても感想文どまりになってしまいますし、感想文にすらなっていないということにもなりかねません。また、こうしたアピールが大嫌いな先生もいますので、注意が必要です。

　確かに褒めるという意識は大事です。その本の目的がどこにあって、どこが良いのかを指摘することは、書評レポートには必要なことです。しかし、本の不十分な点を指摘することも大事なことですし、もしそれができなかったとしても、なぜ読むべきだと言えるのか、なぜ勉強になるのか、ということを、できるだけ客観的に説明する必要があります。

「よくわからなかった」で終わってしまう

　書評レポートの課題になる図書は、難易度の高いものも多いでしょう。そのため、「わからない！」と思ってしまうこともあるはずです。しかし、それをそのままレポートに書いてしまっては、書評レポートにはなりません。まずはわかろうと粘ってください。もしそれでもわからなければ、「わからなさ」の原因がどこにあるのかを考えてみてください。それが書評レポートのテーマになることもあります。

　似たような例として「〜の問題は難しい」、「〜は簡単には評価できない」という表現もあります。「〜の問題は難しい」と言っておけば、それ

らしく見えると思うかもしれません。しかし、そこで止まってしまっては不十分です。もう一歩進めて、「〜の問題は難しいが、筆者は〜と考えている。これに対して私はこう評価する」というように、自分の評価をはっきりと書くべきでしょう。評価を下すことから逃げていては、思考の訓練にもなりません。

（4）書評レポートの取り組み方

　では、実際に書評レポートに取り組んでみましょう。闇雲に本を読み始め、どうにか読み通そうとすると、失敗します。最初と最後だけ読んでどうにかしようとしても、失敗します。

まず本の全体像をつかもう

　そのためにまず行うべきは、**全体像をつかむ**ことです。筆者がその本で何を言おうとしているのかをはっきりさせてください。多くの本は序章や「はじめに」にその本の目的と研究方法が書かれています。その目的をはっきりさせておけば、細かな部分にとらわれることもありません。

　また、序章や「はじめに」には多くの場合、各章で何をどのように論ずるかも書かれています。その内容と目次を通して見て、全体の構成がどうなっているのかを確認しておきましょう。レポートでは、アウトラインを作ることが重要だと、第1部で書きました。書評レポートの対象となっている本にも、アウトラインがあるはずです。それを把握することで、本を読むスピードは上がりますし、理解も深まります。そして理解が深まれば、適切な評価を行うことができるようになります。

全体像を踏まえてから細かい内容をつかもう

　各章や節ごとの主張とその理由・根拠を把握します。その際、付箋を貼る、線を引く、などしながら、全体の構造の中のどこにあてはまるのかを考えていくのがよいでしょう。疑問点があれば、それも付箋に書いて貼るか、余白に書き込んで付箋を貼るかしておくと、後で役立ちます。思ったこと、感じたことは、意外とすぐに忘れてしまうものです。思っ

たその場で書きとめておくことが重要です。例えば、次のようなコメントが書けるでしょう。

・これは本当だろうか。
・現代の日本だとこれは可能？
・○○の授業で学んだことと逆。どっちが正しい？

こうした付箋は、多ければ多いほど、後の段階で役に立ちます。なお、付箋を貼るだけでなく、読書ノートを作るという方法もありますが、その場合にも重要な所には付箋を貼り、抜き書きした部分にはページ数も添えておくとよいでしょう。

本の要約を行う

さて、いよいよ書き進めていくわけですが、要約には大まかに分けて以下の二つの方法があります。

・本全体の要約を行う。
・本全体の内容に触れ、とりわけ重要だと感じた部分を要約する。

ある程度時間があるなら、後半で何を書くのかが大体決まってから要約を書き始めるのがよいでしょう。というのは、何に注目して批評を行うかによって、要約の書き方も変わってくるからです。もし、後半の批評を本全体の大きな議論について行うのであれば、要約は本全体をまとめたものにすべきです。一方で、後半の批評を1章や一つのテーマに絞って行うのであれば、前半では本全体の内容に触れた上で、特に重要だと感じた部分を要約するのがよいでしょう。なお、どちらの書き方にするとしても、要約の分量は多くて3割が目安です。

もし、時間がない場合や、何に焦点を定めて書けばいいかわからずに手が止まってしまった、という場合には、ひとまず全体の要約を作ってしまうのが安全です。全体の要約を書いているうちに関心のあるところ

が出てくるかもしれませんし、要約の中で分量を割いたところに焦点を当てて考えてみるのもよいでしょう。最終的に本全体の大きなテーマに対して批評を行うことも可能です。直前で要約から全て書き始めるのは大変ですので、時間がない場合にはある程度書き始めてしまうというのは、戦略的に重要です。

内容の評価・批判を行う

　こうして全体の内容をつかむことができたら、本の内容に対して自身がどう考えたか、肯定的なのか、否定的なのかなどの**立場を明確**にします。主張をするからには当然理由・根拠を挙げなければいけません。また、本の評価や感想・批評は本全体に対して与えられるということもあれば、取り上げた箇所ごとや紹介した章ごとに与えるということもあります。ただし、あまり細かいところに集中することがないように注意が必要です。

　さて、では批評はどのように行ったらよいのでしょうか。批評には大きく分けて2通りあります。一つはその本だけを読んで批評するもの、もう一つは他の資料を参照しながら批評するものです。

　このように説明すると、前者、つまりその本を読むだけでできる方が簡単だと思われがちです。しかし、実はそうではありません。本の内容だけを手がかりに批評する場合、その本の論理展開を一つひとつ吟味して、自分なりの論点を見出すことが必要になってきます。その本の中の論理的な関係に集中して批評を行わなければならないので、難易度はかなり高くなります。

　一方で、**他の資料を参照する**ことには、一見大変そうに見えて論を組み立てやすいというメリットがあります。他の資料を探したり読んだりという手間はかかるものの、**探してきた資料の助けを借りて批評を行うことができる**わけです。例えば、その本で書かれているのとは別の結論が導き出されるデータを持ってくる、その本よりも詳細に分析した研究成果を持ってくる、対抗する主張を持ってくる、などが考えられます。課題図書が「絶対」にならないように比較しながら読むことができるわ

けです。他の資料に「寄りかかる」のではなく、他の資料を参照した上で、自分が課題図書をどう評価するのかを明確に示すことが重要です。

　資料には様々なものがあります。別の1冊の本を持ってくることもできますが、それが難しいときには指定された教科書や事典の記述を持ってくるのもよいでしょう。新聞記事を使うのも一つの方法です。本の内容が一般常識とどれだけ違うのかを検討するのもよいでしょう。

　もちろん、最初から批評がうまくいくとは限りません。うまくいかないことの方が多いでしょう。最初は揚げ足取りのような批判しかできないかもしれません。それでも、繰り返し挑戦しているうちに、そして他の書評を読んでいくうちに、徐々に批評の質は高まっていきます。そこは粘り強く、頑張ってください。うまくいかないときには、第1部の「問いを立てるために」（第1部4章（2））も参考にしてみるといいでしょう。

5 プレゼンテーションへの応用

　レポートも苦手だけれどプレゼンはもっと苦手。そんな人も多いでしょう。それは仕方ないことといえば仕方ないことです。人前で話をする機会は高校までは少なかったでしょうし、受験勉強で大変な時期にはそんな余裕もなかったでしょう。

　しかし、大学に入れば容赦なくプレゼンの課題が出されます。観念して取り組むしかありません。幸い、多くの人が同じような苦手意識を持っているので、スタート地点はほぼ同じです。工夫した分だけ着実に前に進めます。

　ここでは、プレゼンのポイントについて説明していきます。心に留めておいてほしいことは、ここまで学んできたレポートの書き方を生かす、ということです。レポートのコツを有効活用して、プレゼンも乗り越えていってください

(1) プレゼンの心構え

　プレゼンとなると途端に警戒する人もいますが、プレゼンもレポートも基本は同じです。大事なのは結論がはっきりしていること、そして聞き手に理解してもらおうとすることです。そのためには結論を導くための議論がわかりやすくなっていることがポイントです。**「問い＋答え＋答えを導く議論」というレポートの基本要素は、そのままプレゼンにも応用可能です。**このポイントがわかっていれば、プレゼンも良くなっていくはずです。レポートとプレゼンで違うところはどこでしょうか。ここでは二つのポイントを考えてみましょう。

議論のペースは話し手が作る

　一つ目は、議論のペースは話し手が作るということです。プレゼンは、話し手のペースで議論が進みます。そのため、聞き手は、論文を読むよ

うに議論をさかのぼって確認することはできません。一度議論についていけなくなったらそれっきりになってしまいます。従って、話し手の方は聞き手が振り返って確認しなくてもよいような説明の仕方を考える必要があります。

　そのために大事なのは、**一つの報告で伝えるのは一つのメッセージだけ**、ということです。複雑な議論はプレゼンには向きません。わかりにくければすぐに聞き手は脱落してしまいます。あれもこれも、でなく、一つの答えのために全情報が集うように構成していくことが大事です。

　また、**難しい言葉は使わない**ということも重要です。文章を読むのであれば、少し難しい表現が出てきてもゆっくり考えたり、調べたりすることができます。しかし、プレゼンではどんどん話が先に進んでいってしまうので、確認していたら置いてけぼりになってしまいます。一度で理解してもらうためには、難しい書き言葉ではなく、わかりやすい言葉で説明することが大事です。

聞き手が目の前にいる

　レポートとプレゼンのもう一つの違いは、**聞き手が目の前にいる**ということです。「そんなことはわかってる」と言われそうですね。しかし、このことは心構えとしてなかなか意識されません。相手の方を見ず、まるで大きな独り言を言っているようなプレゼンも少なくありません。聞き手が目の前にいるから緊張する、というマイナスの点にばかり目が向いて、**聞き手が目の前にいるからどうするか**、ということにまではなかなか頭が回らないわけです。

　では、聞き手が目の前にいることを考えた場合、どんなことが必要でしょうか。まず必要なのは、**目の前の相手に向かって話しかける態度**です。相手が目の前にいるのにどこに向かって話しているのかわからないというのは、聞き手からすれば不満です。プレゼンもコミュニケーションだということを意識しておく必要があります。聞き手を意識すれば、話すスピード、発音の仕方、文の切れ目など、少しでも聞きやすいようにという配慮が生まれてきます。

また、「相手の時間を拘束しているのだから、退屈な時間を過ごさせるわけにはいかない」と考えれば、**興味をもって聞いてもらえるような工夫**も必要になってくるでしょう。聞きたくもない話を聞かされるのは辛いことですし、そうした辛い顔を見る話し手も辛いでしょう。お互いに気持ち良い時間を過ごすためにはどうしたらよいかも、是非考えてみて下さい。例えば、プレゼンのテーマについて、それが実は聞き手にも大きく関係しているとか、あまり知られていないが重要だ、といったことを最初に伝えておくのも効果的でしょう。

> **ポイント**
> ・プレゼンでは議論のペースは話し手が作る
> 　⇒一つの報告で伝えるのは一つのメッセージだけ
> 　　難しい言葉は使わない
> ・聞き手が目の前にいる
> 　⇒相手に向かって話しかける
> 　　興味をもって聞いてもらえる工夫を考える

(2) プレゼン準備の手順

　プレゼンといえば、スライドショーを用いた発表を思い浮かべる人が多いでしょうが、実はプレゼンにはいろいろな方法があります。スライドショーを用いず、配布した資料を見ながら発表する、スライドショーも資料も使わずに発表する、スライドショーも配布資料も用いて発表する、など様々です。

　ここでは、授業でよく行われる、スライドショーを用いた発表に焦点を合わせて手順を説明しましょう。

　プレゼンの課題が出されると、まずパワーポイントのスライドを作ろうとする人がいますが、これは順番が間違っています。なぜなら、何もない状態でスライドを作り始めると、プレゼンの筋がはっきりしてこないからです。スライド作りをがんばったとしても、結果的にわかりにく

いプレゼンになってしまいがちです。スライド作りよりも先に、プレゼン課題の条件を確認し、**アウトラインを作ることが大事**です。

　また、スライドを作り終えれば準備は万端だと考える人も多いのですが、これも失敗しがちです。**スライドはあくまでプレゼンの補助ツールであって、プレゼンそのものではありません**。スライドを使ってプレゼンの**練習を行い**、場合によっては**スライドを修正していく**作業も行う必要があります。

　では、具体的にどのようにすすめていけばよいのか、確認してみましょう。

条件の確認

　プレゼン課題が出されてまず行うべきは、レポートのときと同じく、条件の確認です。プレゼンの目的、聞き手や時間、場所によって、準備の仕方は違います。行き当たりばったりにならないように、確認しておきましょう。

・目的は何か

　レポートにいくつかのタイプがあったのと同じように、プレゼンにもいくつかのタイプがあります。大まかに分けると、単なる**物事の紹介**、自分の**意見の提示**（賛成・反対、何がよいか）、**調査結果の報告**、**学問的な論証**の四つです。例えば、学問的な論証が求められているのに単なる紹介に終わってしまったら、評価はぐっと低いものになってしまいます。課題が提示された時点で目的が明確でなければ、担当の先生に確認しておくのがよいでしょう。

・制限時間

　レポートでいう字数です。制限時間によって構成は大きく変わってきますので、とても重要です。また、プレゼンでの制限時間オーバーは最大の反則ですし、短すぎても問題です。

・聞き手は誰か

　レポートの場合、伝える相手（読者）は担当の先生でした。プレゼンの場合、伝える相手（聞き手）には、先生だけでなく、同じ科目を履修している学生が含まれます。このことは意外と重要です。なぜなら、相手の持っている知識にあわせてプレゼンの内容は変わってくるからです。学生の間でどのような知識が共有されているのか考えておくと、プレゼンの一部を省略したり、簡単にしたりすることもできます。限られた時間で説明しきるには、相手に合わせることが重要です。

・環境・機材

　どこでプレゼンを行うのかも重要なポイントです。教室の環境もできれば確認しておきたいところです。マイクの有無によって話し方は変わってくるでしょうし、プロジェクターがなかった場合には、配布する資料の内容も大幅に変えなければならなくなるかもしれません。プロジェクターのサイズによって投影資料の文字のサイズを調節する必要もあります。

アウトラインを作る

　条件の確認が終わったら、まずはアウトラインを作成します。なお、アウトライン作成のためには資料の検索や読み込み、実験や調査が必要ですが、それらはここでは省略します。レポートについての章を参照してください。

　プレゼンはメッセージをシンプルにするのが一番ですので、まずは**「問い」と「答え」をはっきりさせましょう**。それができなければ、そのプレゼンは失敗します。伝えたいメッセージが明確でなければ、相手にメッセージが伝わるはずがありません。物事の紹介の場合には問いがないようにも見えますが、「特に紹介したい点は何か」という問いがあると考えておけばよいでしょう。物事の紹介には情報の整理が必要です。そこには自然のうちに、「自分が特に大事だと思っているところ」が反映されているはずです。それを意識すると、説明はわかりやすくなります。

さて、伝えたい「問い」と「答え」がはっきりしたならば、そこから制限時間に合わせてアウトラインを作っていきます。ここで気をつけるのは、発表内容を一筋の流れにすることです。レポートであれば、多少複雑な構造でも読者は読み返して理解してくれます。しかし、プレゼンでは聞き手は前に戻ることはできません。一方通行の道のりで、つまずくことなく議論を理解できるようにする必要があります。プレゼンの種類ごとに例を示しますので、参考にしてください。

・物事の紹介
　（例）自分のおすすめ観光地の紹介
　　1. タイトルと簡単な自己紹介
　　2. 三つのポイントを提示（Q：特に紹介したいものは？　A：気候、食べ物、イベントの3点）
　　3. 気候
　　4. 食べ物
　　5. イベント
　　6. まとめ

　物事の紹介の場合、だらだらと話が進みがちですが、「三つのポイントに絞って説明します」と最初に示すことでメリハリをつけることができます。また、「歴史的な流れに沿って説明します」などとして何かしらのストーリーを作るのもよいでしょう。この場合にもいくつかのポイントを示すと説明がスムーズになります。

・意見の提示
　（例）「子ども中心主義」の教育方法への評価
　　1. タイトルと簡単な自己紹介
　　2. 自分の意見を一言で（Q：この教育方法をどう評価する？　A：画期的なものだと言える）
　　3. 理由1（子どもの自主性や創造性を重視した点で画期的である）

4. 理由1に対して想定される反論（その恩恵を受けたのは一部の人にすぎなかった）
  5. 再反論（理由2）（画一的な従来の方法を打破しようとしたのは評価できる）
  6. まとめ（再度自分の意見を一言でまとめる）

　意見の提示の場合、自分が賛成なのか反対なのか、何を選択するのか、といった意見を明確にする必要があります。自分の意見が明確でなければ、いくら本論で立派なことを言っても、プレゼン全体の評価は低いものになってしまいます。まずは「答え」としても自分の意見を明確にしましょう。

・調査結果の報告
　（例）日本語の揺れに関する調査
  1. タイトルと簡単な自己紹介
  2. 調査の目的（Q：「ら抜き言葉」、「さ入れ言葉」、「れ足す」言葉はどれだけ普及しているのか）
  3. 調査の方法（Googleで検索し、件数を比較する）
  4. 調査の内容1（ら抜き言葉）
  5. 調査の内容2（さ入れ言葉）
  6. 調査の内容3（れ足す言葉）
  7. まとめ（A：「ら抜き」は十分浸透し、「さ入れ」は浸透しつつあるが、「れ足す」はまだまだ）

　調査結果報告の場合、どのように調査を行ったのかという方法の説明が重要な要素です。まずはこの点をしっかりと説明しましょう。また、物事の紹介の時と同じく、細かな内容をだらだらと続けることがないよう気をつけてください。グラフや表を有効活用して一目でわかるようにすることも必要です。

・学問的な論証
　（例）現代のアニメ映画における女性の表象
1. 問題設定：アニメ映画における女性像は、不幸に耐え王子様を待つ女性から、自分で積極的に人生を切り拓く女性へと変化したと一般的に言われるが、一方で受動的お姫様に対する人気もキャラクターランキングを見るとなお高い。これは矛盾した現象であるのか？
2. 分析：アニメ映画の受動的お姫様像は、過去のヒロインのように単純に不幸に耐えるだけではなく、自分を幸福にしてくれる王子様を待つ以前に、それなりの行動を通して王子様を待ち得る位置をみずから確保している。
3. 仮説：現代の受動的お姫様は、現代女性の職業観・人生観を反映しているのではないか。
4. 検証１：結婚に関する意識調査では「夫は外で働き、妻は専業主婦がよい」という意見に４割の女性が賛成している→保守化？反動化？
5. 検証２：専業主婦は押しつけられてなるものではなく、女性が自ら選ぶ職業の選択肢の一つとして捉えられている→専業主婦に対する認識の変化
6. 考察：現代女性は専業主婦を積極的に選択する職業と捉えており、そのことが現代のアニメ映画における受動的お姫様像と対応している。
7. まとめ：アニメ映画に描かれる女性の能動的タイプと受動的お姫様は、いずれも幸福追求にアグレッシブな現代女性の認識を反映したものであり、矛盾するものではない。

　学問的な論証の場合、問題設定から仮説の提示までで聞き手の関心をひきつける、ということを意識して発表の計画を立てるとよいでしょう。

スライドと原稿の作成

　課題の条件を確認し、アウトラインを作った後で、ようやくスライドの作成に入ります。アウトラインがしっかりしていれば、スライドの順番等で困ることはないでしょう。スライドは、見やすく、わかりやすく、印象に残るように、を心がけましょう。重要なポイントは下の表にまとめておきました。

文字の大きさ	通常であれば 28 ポイント以上 細かな説明でも 20 ポイント以上
文字の配置	箇条書きは左揃え、文章は両端揃え
フォント	ゴシック体が読みやすい できれば 1 種類で統一（多くても 2 ～ 3 種類）
スライドに盛り込む分量	スライド 1 枚につき 1 ～ 2 分までが目安 文章が長く続くようなら記号や図で短縮
その他	スライドに全てを書かない 画像や視覚効果は使いすぎない

　直接関係のない画像をちりばめたり、フォントや色をあれこれ変えたり、派手にページをめくったりすると、聞き手を混乱させたり、疲れさせたりしてしまいます。スライドはそれだけで完成品なのではなく、あくまでプレゼンの補助ツールだということを、意識しておいてください。口頭で十分に説明できることは、スライドに入れる必要はないわけです。

練習

　ここまで来たら、最低限の準備は終わりました。後は、これをよりよくしていく作業です。この段階は、時間がどれだけとれるかによってやるべきことが大きく変わってきます。ただし、全く何もやらないということはないようにしてください。他の課題との兼ね合いで時間がないというときにも、時間内に発表が終わるかどうかの確認だけは必要不可欠です。

・口頭発表の練習

　では、ある程度時間が取れる場合には、どんな作業を行えばよいでしょうか。大事なのは、発表の練習をしながら、スライドを修正してい

くという作業です。

　プレゼンのポイントの一つとして「発表原稿をできるだけ見ない」ことがあります。しかし、そこに至るまでには発表原稿を見ながら何回も練習を繰り返す必要があります。発表練習をしたかどうかの違いは、プレゼンのわかりやすさの違いとしてはっきりと現れます。

　ただし、発表原稿を丸暗記することはおすすめしません。丸暗記でプレゼンに臨むと、途中で失敗したときに最初に戻らないと言葉が出てこない、ということが起こってしまいます。原稿を用意したとしても、原稿に頼りきりにならないように練習することが大事です。スライドに表示された図やキーワードから、議論を滑らかに展開できるようになるまで、練ってください。

　図やキーワードを見ても議論の流れを思い出せないときには、練習不足の他に、スライドがわかりにくいという可能性があります。その場合にはスライド自体を修正していってください。一度スライドを作ればそれでおしまいというわけではなく、よりよいスライドへと何度も修正していくことが、プレゼンの質を高める上で重要です。

・質疑応答への準備

　プレゼンが嫌われる理由の一つに質疑応答があります。発表自体は練習を重ねて精度を高めることができるのに対して、質問に対してはその場で考えなければならず、準備なしで対応しなければならない。このように考えている人も多いでしょう。確かに質疑応答は発表に比べて即興性が求められます。しかし、準備ができないわけではありません。

　レポートでは読者を想定することが重要だと述べてきましたが、それはプレゼンにもあてはまります。自分の発表を聞いてどんな質問が出そうか、ある程度予測することができるはずです。また、友達に発表を聞いてもらって、質問に対する予行演習をすることもできます。このように準備しておけば、実際出た質問が想定したものそのものでなくても、事前に準備した回答を応用すれば答えることができるでしょう。こうした準備が少しでもできれば、プレゼンに対する苦手意識も薄れていきます。

コラム：発表原稿は作るべき？

　「発表原稿は作るべきですか？」プレゼンに関して最も多い質問がこれです。面白いことに、この質問に対する答えは先生方の間でも分かれます。発表原稿は絶対に作るべきだと言う人もいれば、逆に発表原稿なんて作ってはいけないと言う人もいます。一体どうすべきでしょうか。

　私たちは**しっかりとした原稿を一度作るべき**だと考えています。これには、上に書いた二つの意見の対立を踏まえた理由があります。

　作るべきと言う人は、大学でのプレゼンはアカデミックな発表なのだからしっかりとした構成があるべきで、そのために原稿は必要だと考えます。これに対して作るべきでないと言う人は、原稿を作ることによってプレゼンが棒読みになり、わかりにくく退屈なものになってしまうことを心配しています。この二つの意見は一見対立しているように見えますが、聞き手にとってわかりやすいプレゼンを行う、という点で共通しています。構成のない行き当たりばったりの発表は、わかりやすいはずがありません。また、原稿をただ読むだけの発表も、退屈でしかありません。

　そう考えると、レポートやプレゼンに慣れていない１、２年生は、しっかりとした原稿を作った上で入念に発表練習をするべきだということになります。伝える内容がはっきりしていなければ何にもなりません。まずは原稿を書くことで、プレゼンで伝えるべき内容をはっきりさせましょう。

　もちろん、プレゼン課題によっては原稿を作るべきでないこともあります。特に外国語の授業の場合、原稿を作るなと指導されることが多いでしょう。この場合には、原稿を読まずに話すことのできる英語力の育成が目的となっているので、原稿を作らない方がよいわけです。

　しかし、アカデミックな議論を自ら作り上げることが大きな目的としてある場合には、原稿を作っておくのがよいでしょう。

（3）スライドの悪い例、改善例

では、ここでスライドの例を見ておきましょう。

1
日本語の揺れの現状
ら抜き、さ入れ、れ足す言葉の使用頻度

●●大学文学部 1 年
●●●●

2
目的
- 授業で問題になった「ら抜き言葉」の他に、日本語の揺れとして「さ入れ言葉」、「れ足す言葉」がある
  （例）「待たさせていただく」、「行けれる」
- これらがどれ位使われているのかを調べる

3
検証方法
- Google.co.jpで、ら抜き言葉と正しい言葉とを検索して、それぞれの件数を調べる
- さ入れ言葉・れ足す言葉についても同じように調べる
- ら抜き言葉等と正しい用法との割合を計算し、どれだけの割合でら抜き言葉等が使われているのかを求める

4
検証結果1　ら抜き言葉
- 起きれる：1,320,000件　⇒　70.0%
  起きられる：567,000件
- 出れる：885,000件　⇒　46.2%
  出られる：1,030,000件
- 見れる：15,700,000件　⇒　41.1%
  見られる：22,500,000件
- 来れる：948,000件　⇒　39.5%
  来られる：1,450,000件
- 食べれる：2,400,000件　⇒　27.4%
  食べられる：6,370,000件

5
検証結果2　さ入れ言葉
- 読まさせて：2,020,000件　⇒　37.8%
  読ませて：3,330,000件
- 休まさせて：118,000件　⇒　11.4%
  休ませて：920,000件
- 言わさせて：411,000件　⇒　11.1%
  言わせて：3,290,000件
- 待たさせて：26,200件　⇒　5.7%
  待たせて：431,000件
- 帰らさせて：128,000件　⇒　1.0%
  帰らせて：12,200,000件

6
検証結果3　れ足す言葉
- 出せれる：36,300件　⇒　0.53%
  出せる：6,760,000件
- 描けれる：9,780件　⇒　0.52%
  描ける：1,880,000件
- 書けれる：5,790件　⇒　0.13%
  書ける：4,610,000件
- 行けれる：45,100件　⇒　0.05%
  行ける：90,100,000件
- 読めれる：3,970件　⇒0.03%
  読める：13,500,000件

7
考察
- ら抜き言葉は27〜70%の割合で使用されていて、生活に浸透していると言える。
- さ入れ言葉は1〜37%の割合で使用されていて、浸透しつつあると言える。
- れ足す言葉はどれも1%未満の使用率で、生活に浸透しているとは言えない。

何が悪い

　初めてのプレゼンでこれだけ準備ができれば十分、という人もいるかもしれません。ひとまず「問い＋答え」は提示されていますし、根拠も明示されています。しかし、見やすいスライドかというと、そうではありません。まだ改善できる点が残っています。

・文字に頼りすぎてしまっている

　プレゼンは文字を読ませるものではありません。文章をずらっと並べてしまうと、プレゼンは失敗しがちです。

　では、どうしたらよいでしょうか。まず、図や表で示してわかりやすくできるなら、図や表で示しましょう。図や表を作るのには時間がかかりますが、時間をかけた分、聞き手は理解してくれます。もちろん、その図や表がシンプルでわかりやすいものであることが必須です。

　また、もし文字に頼るとしても、できるだけ短く、シンプルに表現することが必要です。スライドに書く文字は可能な限り1行に収めるのが基本です。レポートでは大した長さではない文も、プレゼンのスライドに示されると長く感じます。

・細かなデータが読みづらい

　調べたデータを細かに説明することは、自分のがんばりを訴えるにはよいかもしれませんが、たくさん並んだ数字のデータは、聞き手を圧迫します。省ける情報は省いていくべきでしょう。

　とはいえ、何を省けばよいのか迷うこともあるはずです。そうしたときは、このプレゼンで伝えたいことが何なのかを、もう一度考えてみましょう。「ら抜き言葉、さ入れ言葉、れ足す言葉がどれだけ使われているのか」を、本来の使い方との比較で考える、というのが今回のプレゼンの目的です。だとすれば、細かな件数データを伝えなくても、割合だけ大まかに伝えられればそれで十分です。

　何が大事なのかを考えた上で、優先順位が低いものをバッサリとそぎ落としていくのが、プレゼンでは重要です。

では、これらを踏まえた上で、スライドを改善してみましょう。

1

日本語の揺れの現状
ら抜き、さ入れ、れ足す言葉の使用頻度

●●大学文学部１年

2

目的

出れる ⇒ ら抜き言葉
待たさせていただく ⇒ さ入れ言葉
行けれる ⇒ れ足す言葉

・どれくらいの頻度で使われている？

3

検証方法

検索エンジンG　"食べれる"　約 2,400,000件

検索エンジンG　"食べられる"　約 6,370,000件

↓

件数を集計
↓↓↓
使用頻度（割合）を計算

4

検証結果１　ら抜き言葉

	れる	られる	ら抜きの割合
起き-	1,320,000	567,000	70.0%
出-	885,000	1,030,000	46.2%
見-	15,900,000	22,500,000	41.1%
来-	949,000	1,450,000	39.5%
食べ-	2,400,000	6,370,000	27.4%

ら抜き言葉の検索結果（件数）と割合

5

検証結果２　さ入れ言葉

	させて	せて	さ入れの割合
読ま-			37.8%
休ま-			11.4%
言わ-			11.1%
待た-			5.7%
帰ら-			1.0%

さ入れ言葉の検索結果（件数）と割合

6

検証結果３　れ足す言葉

	れる	る	れ足すの割合
出せ-			0.53%
描け-			0.52%
書け-			0.13%
行け-			0.05%
読め-			0.03%

ら抜き言葉の検索結果（件数）と割合

7

まとめ

・ら抜き　⇒　27〜70%　⇒　生活に浸透

・さ入れ　⇒　1〜37%　⇒　浸透しつつある

・れ足す　⇒　1%未満　⇒　浸透していない

何が変わった？

　グラフや図を入れた分、全体的に視覚的になった印象があると思いますが、変わったのは見た目だけではありません。不要な情報をそぎ落とし、わかりやすい表現に変えています。順に見ていきましょう。

・2枚目のスライド

　元のスライドにあった「授業で問題になった」という箇所は口頭で補足することとして、今回のテーマとなっている「ら抜き言葉」、「さ入れ言葉」、「れ足す言葉」を説明しました。これらも、長く書くのではなく、スライドには具体例を一つ提示するにとどめて、口頭で説明します。

　2枚目のスライドに目次を入れて全体の見通しを説明することもありますが、今回はごく短いプレゼンなので、それは行っていません。

・3枚目のスライド

　文字での説明を大幅にカットし、具体的にどのようなことを行うかを図示しました。「検索をかけるとこのように件数が出てきますので、それを集計します」と言えば、何をするのかを多くの人と共有できるでしょう。検索エンジンの入力画面を貼りつけることで、調査方法を直観的に理解できるようにしました。

・4～6枚目のスライド

　もとのスライドでは数値だけだったものを、棒グラフを使って割合で示しました。「ら抜き言葉」、「さ入れ言葉」、「れ足す言葉」のそれぞれの使用頻度がパッと見て理解できるはずです。なお、何件程度の件数が出るものなのかを示すために4枚目のスライドには件数を書きましたが、5,6枚目のスライドでは省略しました。

・7枚目のスライド

　元のスライドではそれぞれ1文で書いていたものを、キーワードと数字のみを取り上げることにしました。これによって、一度に読む情報量

が少なくなり、情報が目に入りやすくなります。

　いかがだったでしょうか。これでもまだ改善の余地はあります。しかし、プレゼンで使える視覚的な要素を有効に活用できるように、改善されていることがわかると思います。ポイントは、何が大事なのかを考え、優先順位の低いものをそぎ落とすこと。そして、できるだけわかりやすい言葉で表現し、図表を活用することです。これを基本として押さえておけば、どのような場面でも、スライドを改善していけるはずです。

(4) プレゼンならではのポイント

　さて、これで発表の準備は整いました。次に、プレゼンならではのポイントをいくつか確認しておきましょう。

話し方の注意点

　声の大きさ・スピード・間の取り方に気をつけて大事なメッセージをうまく伝えられるようにしましょう。特に気をつけることは次の3点です。

- ・緊張すると声が裏返りやすくなるので注意する。
- ・緊張すると声のスピードが速くなりやすいので、ゆっくり話すことを意識する。
- ・重要な部分の前で間を置く（何も話さないことが、次のセリフの重要度を高める）。

アイコンタクトをとる

　アイコンタクトはコミュニケーションの大事な要素です。相手の目を見ることで、聞き手を尊重しているということを伝えられますし、自信を表すこともできます。自分の説明がうまく伝わっていないときや、説明が速すぎるまたは遅すぎるときには反応を見ることができます。

　ただし、ずっと一人の人を見ているわけにもいきませんし、それではお互いにプレッシャーになってしまいます。文節や文ごとに視線を移動

させていくとよいでしょう。部屋全体を∞の字に見ていくとバランスよく見渡せます。

身振りの癖を知る

　髪や顔を触る、シャツやポケットをいじる、などなど、自分では気づかない癖はあるものです。こうした癖は、自分では意識していなくても、他人からすると気になって仕方ないようなものだったりします。発表内容がしっかりしていても、こうした小さなことで印象が悪くなったり、主張が十分に伝わらなかったりということはよくあります。発表前に一度他の人に見てもらい、チェックしてもらうとよいでしょう。

聞き手を巻き込む

　興味をもって聞いてもらうために重要なのは、原稿の内容・構成だけではありません。それ以外の工夫で、聞き手をプレゼンに巻き込むこともできます。最も簡単な方法は、聞き手に質問をすることでしょう。もちろん、単に質問するだけではダメです。大事なのは、①手を挙げさせること、そして②発表内容に特に関係がある質問にすること、です。

　例えば、「大学生は図書館のサービスを十分に活用できていない」という発表をするなら、「図書館の●●というサービスを使ったことがある人」と聞いてみるとよいでしょう。そして手が挙がらなければそこを詰めて、「では、使ったことのない人」と聞き、手を挙げさせます。実際に体を動かすことで聞き手は発表に関わったことになりますし、発表内容と聞き手の関係もできあがります。何もしない場合に比べて、関心をもって発表を聞いてくれるようになるでしょう。

写真や実物を活用する

　写真や動画、実物などは、聞き手の興味をひきつけ、理解を促すのに効果的です。レポートでは写真や図程度しか挿入できませんが、プレゼンでは、映画のワンシーンを流す、楽器を実際に演奏する、商品の現物を見せる、などなど、様々なことが可能になります。もちろん、伝える

べきメッセージがちゃんと伝えられてこその工夫なので注意は必要ですが、インパクトのある材料を提示することも考えてみるとよいでしょう。

質疑応答への対応

　レポートがコミュニケーションの手段であるならば、プレゼンも当然コミュニケーションの手段です。相手の質問の意図を正確に理解することがまずは重要です。質問と受け答えとがかみ合っていない、ということがよくありますが、これは悪い例です。質問の意図を正確に理解した自信がなければ、「それは〜ということですか」と確認しましょう。

（5）こんなプレゼンはダメ!

　最後にプレゼンの失敗例を確認して、この章を締めくくることにします。これまでの説明でプレゼンについての基本はわかったと思います。しかし、気をつけていても失敗することはよくあります。そのためにも、最低限これらの点には気をつけてください。

発表時間を守らない

　発表時間を守るのは最も大事なことです。聞いてくれる人のことを考えて、時間内に終わるように調整しなければなりません。また、遅刻はもってのほかです。発表に間に合うように到着するだけでなく、スライドがちゃんと投影できるか事前に確認しておくことも大事です。

結論（主張、言いたいこと）が何かわからない

　調べたことをあれこれと詰め込もうとして、結局何を言いたいのかがわからない。こんなことはよくあります。一つ一つの話題が楽しいものだったとしても、全体としての主張がはっきりしなければ、プレゼンとしては不十分です。

スライドがわかりにくい、派手すぎる

　直接関係のない画像をちりばめたり、フォントや色をあれこれ変えた

第 2 部　発展編

り。こういったことは聞き手を混乱させたり、疲れさせたりしてしまいます。**スライドは、見やすく、わかりやすく、印象に残るように、を心がけましょう。**

聞き手を見ていない

　プレゼンがレポートと大きく違うのは、聞き手が目の前にいるということです。レポートは読者とのコミュニケーションだと前に書きましたが、プレゼンも聞き手とのコミュニケーションです。原稿やパワーポイントをべったり見続けるのではなく、聞き手を見て発表ができるようにしてください。

謝罪、言い訳から始まる

　「日本語のプレゼンは謝罪から、英語のプレゼンはジョークから始まる」とよく言われます。「自信はないんですが」とか「準備不足ですみませんが」といった言葉でプレゼンが始まることはよくあります。発表者本人はこう言わないと気が済まないのかもしれませんが、そこはぐっとこらえてください。こうした言葉は謙虚さをアピールするどころか、プレゼン全体の質を下げてしまいます。納得いかない出来だったとしても、**発表時は堂々と**していてください。

グループプレゼンのとき、他のメンバーとしゃべってしまう

　グループプレゼンのとき、自分の発表場面が終わったら他のメンバーとおしゃべりをしている、といった光景を見ることがよくありますが、これはNGです。逆に、自分の発表場面の前に他の人と小声で打ち合わせをするというのも、NGです。

コラム：プレゼンの経験をレポートに生かそう

　プレゼンはレポートとは形が違うものですが、メッセージを伝えたい相手（聞き手・読者）とのコミュニケーションである点は共通です。レポートよりもシンプルにわかりやすく、聞き手の興味を引くように構成したのがプレゼンだと考えると、プレゼンの経験はレポート作成にも大いに生きてきます。

　プレゼンは相手の顔が直接見えるので、自分の議論が伝わったかどうかを肌で感じ取ることができます。わかりにくい説明をしていると感じたならば、それはプレゼンだけでなく、レポートの議論の改善のきっかけともなるはずです。また、興味をもって聞いてもらうための冒頭の説明は、そのレポートの重要性を説明することにつながります。プレゼンに取り組むことは、レポートをよりわかりやすく、充実したものにするための土台づくりにもなるわけです。

　レポートはプレゼンのために役立ちます。それと同時に、プレゼンはレポートのために役立ちます。二つを切り離して考えずに、有効活用していってください。

おわりに

　この文章を書いているのは、夏の甲子園の決勝戦の日です。全力で野球に打ち込む球児の姿は素敵ですね。普段から野球を見ているというわけではないのですが、甲子園はついつい見てしまいます。そして思わず筆も止まってしまいます。

　さて、彼らはなぜあれほどひたむきに打ち込むのでしょうか。「甲子園制覇を目指して努力する」という言い方もできますが、ではなぜ甲子園制覇へ向かうのでしょう？　何のために？

　他の人に言われたから？　そんな人はまずいないでしょう。プロへの登竜門だから？　中にはいるかもしれませんが、甲子園優勝のメンバー全員がプロに進むわけでもありません。では、なぜ？

　きっと彼らは野球が好きで、全力でぶつかりあうことが好きなんだろうと思います。そして、全力でぶつかるからには、勝ちたいのでしょう。だから、勝ち続けた先にある甲子園制覇が掲げられるわけです。彼らにとって野球は「〜のために」という言葉で説明できるものではなくて、それ自体が至上のものなのだろうと思います。野球は他のもののための手段ではなくて、それ自体が目的なのです。

　私たちが彼らに惹かれるのも、そこからではないでしょうか。私たちが普段「〜のため」の活動であくせくしていて、「それ自体のためにやっている」と言えるようなことをしていないから、彼らに憧れるわけです。

　多くの人は、「楽に効率よくこなすため」とか、「就活のため、将来の準備のため」といった理由でこの本を手にとったことだろうと思います。それで全く構いません。でも、大学は、大学での学びは、単にそれだけにとどまるものではないはずです。「卒業さえできれば大学なんてどうでもいい」という人も、「将来のために大学ではしっかり学ばなければ」という人も、大学それ自体を手段としてしか考えていない点で共通しています。もちろん、お金を払って大学に行くからには、何らかの効果を見

込むというのは当然のことでしょう。しかし、だからといって「大学それ自体を楽しむ」ことが退けられてしまうと、それはもったいないことではないかと思うわけです。

　バットを振れない人や、野球のルールを全く知らない人が野球を楽しむのは難しいでしょう。ルールを理解し、ある程度の技術を身につけて初めて、楽しくなってくるはずです。大学での学びにも、それと同じことが言えます。レポートの書き方を知らない人には、レポートを楽しむ余裕はありません。プレゼンのルールを知らずに無法地帯になってしまえば、他の人と知的な面白さや充実感を分かち合うこともできません。しかし、ある程度ルールを理解し、書き方を身につけてくれば、楽しみ、満喫することもできるようになるはずです。

　本書を読み、実際にレポートやプレゼンに取り組んだみなさんなら、大学での学びを楽しむこともできるはずです。もちろん、そこには辛さもつきまといます。うまくなればなるほど、もっとうまくなりたいという欲求が出てくるものですから。しかし、たとえそこに辛さがあったとしても、きっと楽しめるだろうと思います。そしてそれこそが、私たちがこの本を通して最も訴えたいメッセージです。せっかく大学に入ったのだから、大学を楽しんでください。

　一人でも多くの人が、つまずきから立ちなおれるように、多様な諸活動を並立していけるように、大学における学びに価値を見出せるように、大学そのものを楽しめるように、心から祈っています。

　最後に、執筆の進行を根気よく見守って下さった慶應義塾大学教養研究センターの種村和史先生、大出敦先生、篠原俊吾先生、不破有理先生、そして慶應義塾大学出版会の佐藤聖さん、木下優佳さん、本当にありがとうございました。

2014 年 8 月

執筆者代表　間篠剛留

＜執筆者＞
　間篠剛留
　松下港平
　松本友也
　宮城輔
　渡邊めぐみ

＜執筆協力者＞
　池田絢音
　小野竜史
　梶山慧
　小山高義
　坂牛怜
　周彦甲
　辛宇華
　田中瑠衣
　塚田卓満
　辻宜克
　築野優
　中村尚行
　羽田健太郎
　原圭寛
　古田拓也

アカデミック・スキルズ
学生による学生のための
ダメレポート脱出法

2014 年 10 月 30 日　初版第 1 刷発行
2023 年 1 月 17 日　初版第 6 刷発行

監　修──────慶應義塾大学教養研究センター
著　者──────慶應義塾大学日吉キャンパス学習相談員
発行者──────依田　俊之
発行所──────慶應義塾大学出版会株式会社
　　　　　　　〒108-8346　東京都港区三田 2-19-30
　　　　　　　TEL〔編集部〕03-3451-0931
　　　　　　　　　〔営業部〕03-3451-3584〈ご注文〉
　　　　　　　　　〔　〃　〕03-3451-6926
　　　　　　　FAX〔営業部〕03-3451-3122
　　　　　　　振替　00190-8-155497
　　　　　　　https://www.keio-up.co.jp/
装　丁──────廣田清子
本文イラスト──黒田タクミ
組　版──────ステラ
印刷・製本────株式会社太平印刷社

©2014 Keio Research Center for Liberal Arts
Printed in Japan　ISBN 978-4-7664-2177-4

慶應義塾大学出版会

アカデミック・スキルズ【第3版】
大学生のための知的技法入門

佐藤望 編著

湯川武・横山千晶・近藤明彦 著

大学生向け学習指南書のベスト&ロングセラーを8年ぶりに改版。ノートの取り方や情報の整理法など、大学生の学習の基本を押さえた構成はそのままに、新しい情報通信環境の活用法を追加。弊社既刊『アカデミック・スキルズ』シリーズとの連携を強化。

A5判／並製／192頁
ISBN 978-4-7664-2656-4
◎1,000円　2020年2月刊行

◆主要目次◆

第3版の出版にあたって

第1章　アカデミック・スキルズとは
第2章　講義を聴いてノートを取る
第3章　情報収集の基礎―図書館とデータベースの使い方
第4章　本を読む―クリティカル・リーディングの手法
第5章　情報整理
第6章　研究成果の発表
第7章　プレゼンテーション（口頭発表）のやり方
第8章　論文・レポートをまとめる

附録　書式の手引き（初級編）

表示価格は刊行時の本体価格（税別）です。

慶應義塾大学出版会

アカデミック・スキルズ
資料検索入門
レポート・論文を書くために

市古みどり 編著
上岡真紀子・保坂睦 著

レポートや論文執筆を行う際に、自分が書こうとするテーマや考えを固めるために必要な資料（根拠や証拠）を検索し、それらを入手するまでの「検索スキル」を身につけてもらうための入門書。

A5判／並製／160頁
ISBN 978-4-7664-2051-7
◎1,200円　2014年1月刊行

◆主要目次◆

はじめに

第1章　レポート・論文を書く
第2章　情報の種類と評価
第3章　資料検索の実際
　　　　――「問い」を立てるまでの情報検索
第4章　統計情報の種類と入手方法
第5章　資料を入手するには
附　録　検索の手引き

おわりに

表示価格は刊行時の本体価格（税別）です。

慶應義塾大学出版会

アカデミック・スキルズ
グループ学習入門
学びあう場づくりの技法

慶應義塾大学教養研究センター監修／新井和広・坂倉杏介著　信頼できるグループの作り方、アイデアを引き出す技法、ITの活用法、ディベートの準備など、段階に合わせて、気をつけるポイントを紹介。"失敗しない"グループ学習の秘訣を伝授する。

◎1,200円

アカデミック・スキルズ
データ収集・分析入門
社会を効果的に読み解く技法

慶應義塾大学教養研究センター監修／西山敏樹・鈴木亮子・大西幸周著　正しいデータ分析とは、どのようなものか？　研究者、大学生、大学院生、社会人に向けて、モラルや道徳を守りながら、人や組織の行動を決定づけるデータを収集・分析し、考察や提案にまとめる手法を紹介。

◎1,800円

表示価格は刊行時の本体価格（税別）です。